I0201030

www.ingramcontent.com/pod-product-compliance
Lightning Source LLC
Chambersburg PA
CBHW052012090426
42741CB00008B/1664
* 9 7 8 1 7 7 8 2 1 8 7 2 9 *

حواس

BAYQUSH
PUBLICATION

بایقوش یایینلاری

» کئچمیشین پیچیلتی‌لاری

گونئی آذربایجاندا کند معلیمی
محرم جوانشیرین خاطیره‌لری
(۱۳۵۲–۱۳۶۲)

دوزنله‌ین و تورکجه‌لشدیرن:
لاله جوانشیر

» عنبر جوانشیر؛
لیملی کندینده‌کی ائولری‌نین حیطی

کئچمیشین پیچیلتیلاری

» گونئی آذربایجانداکند معلیمی، محرم‌جوانشیرین خاطیره‌لری
(۱۳۶۲-۱۳۵۲)

دوزنله‌ین و تورکجه‌لشدیرن: **لاله جوانشیر**
یایین ائوی : **بایقوش یاییلاری**

قرافیک تاساریم: **محسن هادی**
ایلاستراسیون (رسیملر): **حبیبه محمدپور**
بیرینجی باسقی: **۲۰۲۴**

تورونتو، اونتاریو، کانادا
ISBN:978-1-7782187-2-9

9 781778 218729

BAYQUSH
PUBLICATION

azcivicnation1@gmail.com

» بایقوش، آذربایجان سیویک نئشین آدلی قورومون یایین ائویدیر

» یایین حاقلاری آذربایجان سیویک نئشین و بایقوش یایینلارینا عاییددیر

ایچیندهکیلر

- **About the Book**

This book delves into the personal recollections of Moharram Javanshir, a dedicated teacher whose experiences spanned the tumultuous transition from the final years of the Pahlavi regime in Iran to the early years of the Islamic regime. Through the pages of his diary, Javanshir offers a poignant glimpse into life in the Mughan region, as well as in the city of Ardabil and its surrounding villages of South Azerbaijan in Iran. Within these pages lies a wealth of insight into the harsh realities faced by the people of the Mughan region, from the struggles of workers caught in unjust circumstances to the pervasive challenges of migration driven by economic and social hardships. Javanshir's firsthand accounts also shed light on the enduring trials encountered by the education system throughout the dynamic political shifts of 1974 to 1984. In addition to documenting the lives of individuals, Javanshir's memoir meticulously catalogs details of the Mughan region, including the names of villages, mountains, and water sources, enriching our understanding of this distinct corner of Azerbaijan in Iran. Moreover, his narrative serves as a vital voice for marginalized communities, offering a perspective often overlooked in mainstream discourse. By revisiting key events through the lens of a firsthand witness, this book not only provides valuable historical documentation but also invites a fresh interpretation of these events, rendering it an essential contribution to the collective narrative of the region's history.

• کیتابین حاضیرلانماسینا دایر نوتلار

آذربایجان تاریخی‌نین معاصیر دؤنمینده بیر چوخ آیدین و یازار عرب حرفلری‌نین تورک دیلی اوچون مناسیب بیر الفبا اولمادیغینی و لاتین حرفلرینه کئچمه‌نین واجیب اولدوغونو دیله گتیریبدیر. آمّا گونئی آذربایجان تورکلری‌نین بئله بیر دەییشیکلیک حیاتا کئچیرمه‌یه سیاسی اقتدارلاری اولمادیغی اوچون عرب حرفلری ایله یازماق هله‌لیک بیر مجبوریت‌دیر. اونسوز دا ایراندا دؤولت آنجاق عرب الفباسیندا یازیلان متنلره، اونو دا چئشید-چئشید محدودیتلر و مانعلر قویاراق چاپ ایذنی وئریر. اینسانلار هله‌لیک عرب حرفلی بیر محیطده یاشاییرلار و اوشاقلار فارس دیلی مکتبلرده بو حرفلرله اوخوماغی اؤیره‌نیرلر. بیر سؤزله، گونئی آذربایجان محیطینده عرب حرفلری ایله یازماق اختیار مسأله‌سی دئییل، اجباردیر و محدود حقوق چرچیوه‌سینده و آسیمیلاسیون سیاستلری‌نین کؤلگه‌سینده یازیلی اثرلر، درگی و قزئته‌لر آنجاق بو الفبا ایله یاییملانا بیلیر.[1]

---

۱. بو مؤوضوع ایله باغلی عمومی بیر مباحیثه‌نی بوردان اوخوماق اولار: لاله جوانشیر، «تورک دیلینی دوشونه‌رک: نه دئییریک، نییه دئییریک، نئجه دئییریک؟،» *اتک‌یازی*، ۴ یانوار، ۲۰۲۳. الده ائدیلدییی

تورک دیلینی عرب حرفلری ایله یازاندا اورتایا چیخان سورونلاری (sorunları) حل ائتمک و یازی قایدالارینی ایستاندارلاشدیرماق هدفی ایله بوگونه قدر ایکی دفعه اورتوقرافی سمیناری دوزنلەنیب و سمینارلاردا آلینان قرارلار بیر کیتابچا شکلینده یاییملانیبدیر.[1] بعضی دیلچی‌لر بو قرارلارین سورونلاری حل ائتمەدیییینی و حتی یئنی سورونلار اورتایا چیخاردیغینی دوشونسەلر ده، اونا اویماغا چالیشماق منطیقی بیر فیکیر اولاراق قارشیمیزا چیخیر. چونکی ایندیکی شرایطده قارماشانین قاباغینی آلماق و یایین ایشلرینده اورتاق قوراللارا اویماق اوچون بیر اوتوریتەیە احتیاج واردیر. بو اوتوریتەنی اورتوقرافی سمیناری‌نین نتیجەسی ساغلایا بیلیر. اونا گؤره ده الینیزدەکی بو کیتابدا اورتوقرافی سمیناری‌نین قرارلاری ایکی استیثنا ایله اساس آلینمیشدیر. بونلاردان ایلکی، قدیم املادا ایکی سسلی آراسیندا قالدیقدا یوموشاییب «گ» حرفینه دؤنوشن «ک» حرفی ایله باغلیدیر. اورتوقرافی کیتابچاسی یوموشایان «ک» حرفینی «گ» ایله یازماغی اؤنریر، آمّا بوردا بو حرف آذربایجان میلّی علملر آکادمیاسی‌نین و آذربایجان رسپوبلیکاسی ناظیرلر کابینتی‌نین اورتوقرافی نورمالاری حاقّیندا آلدیغی قرارلارا[2] اویغون اولاراق «ی» حرفی ایله گؤستریلمیشدیر. سادەجه «bəy» سؤزو «bi» اوخونماسین دئیە «بگ» اولاراق یازیلمیشدیر. ایکینجی استیثنا عربجه و فارسجا سؤزلرله علاقەلی‌دیر. اورتوقرافی سمیناری عربجه و فارسجادان آلینان سؤزلری فونوتیک یازماغی اؤنریر. بو کیتابدا بو قانونا، **کلمەلرین ایلک هیجاسی‌نین اورژینالدا اولدوغو کیمی یازیلماسی شرطی** ایله رعایت ائدیلمیشدیر. سادەجه، «کیتاب،

تاریخ ۹ یانوار، ۲۰۲۴. https://shorturl.at/xwxwW

۱. اورتوقرافی سمیناری‌نین قرارلاری اینجەلەمک اوچون باخینیز: تورک دیلی یازی قوراللاری: *بیرینجی و ایکینجی تورک دیلی اورتوقرافی سمیناری‌نین آلدیغی قرارلار*، ۱۳۸۰. الده ائدیلدییی تاریخ ۹ یانوار، ۲۰۲۴. https://shorturl.at/GwOYZ

2. Azərbaycan dilinin Orfoqrafiya Normaları: Azərbaycan Respublikası Nazirlər Kabinetinin Qərarı, 16 aprel 2019. Əldə edildiyi tarix 3 mart, 2024. https://shorturl.at/KIpzx

مومکــون، اینســان، عؤمــور، دیقّــت، ایــسلام، ظولــوم، فورصــت، هیجــا» سـؤزلری‌نین فونوتیـک املاسی‌نیـن یایغینلاشـدیغی سـببی ایلـه بـو سـؤزلر تمامـا فونوتیـک یازیلمیشـدیر.
بونـون یانی‌سیـرا خصـوصی ایلـه یاپیـم اکلری‌نیـن (سـؤزدوزلدیجی شـکیلچی‌لرین) بیتیشیـک یازیلماسینـا دیقـت ائدیلمیشـدیر. مـثلا، «-gerçək lik» سـؤزونده‌کی «لیـک» اکی بیتیشیـک یازیلمیشـدیر: «گئرچکلیـک».
اسـملره و فعللـره آرتیـریلان «دیـر، دور/(dIr (dır, dir, dur, dür» اکی، اسـملره آرتیریلانـدا یاریـم فاصیلـه ایلـه، فعللـره آرتیریلانـدا فاصیله‌سیـز و بیتیشیـک یازیلمیشـدیر. ایلـگی حـالی اکینـی یازارکـن «نیـن، نـون/ (nın, nin, nun, nün)nIn: » شـکلی یاریـم فاصیلـه ایلـه یازیلیرکـن، «یـن، ون/ In:(ın, in, un, ün» شـکلی بیتیشیـک گؤستریلمیشـدیر.
شـخص آدلاری و تانیـش اولمایـان آدلار خصـوصی ایلـه ایـکی کلمـه‌دن چوخ اولونجـا، منیـن باشـقا سـؤزلری ایلـه قاریشـاراق اوخومـاغی چتین‌لشـدیره بیلیـر. بـو قاریشیقلیغیـن قارشیسینـی آلمـاق اوچـون، شـخص آدلاری و تانیـش اولمایـان بعـضی آدلار ایلـک دفعـه یازیلدیغینـدا قالیـن یـازیلاراق گؤستریلمیشدیر.
سـون اولاراق، بـو کیتـابی بیـر آرایـا گتیره‌رکـن منـه گووه‌نیـب خاطیـره دفتریـنی پایلاشـان و صحیفه‌لـری اوخوناقـلی شـکیلده دفعه‌لرلـه دارایـیب (اسـکن ائدیـب) گؤنـدرن **ملاحـت جوانشیـره** منتدارلیغیـمی بیلدیریـرم. کیتابـدا یئـر آلان شـکیل‌لری بیزیملـه پایلاشـان جوانشیرلـر عایله‌سینـه و قوهوملارینـا، خصـوصی ایلـه **عنبر جوانشیـره** تشـکور ائتمـه‌یی بـورج حسـاب ائدیـرم. عینـی زامانـدا کیتـابی اوخویـوب فیکیـر پایلاشـان دوکتـور **ناصیـر علیزاده‌یـ**ـه و **صمـد پورموسـوی**‌یه، کیتابیـن ائدیـت ایشـلرینی اوسـتله‌نن دوکتـور **طوغـرول آتابایـا** و تایـپ سـورمجینده فونـتلاری یوکلەمـک و بنـزر ایشـلرده یاردیمـچی اولان **میلاد بالیسینی**‌یـه تشـکّورلریمی سـونورام.

» محرم جوانشیر و خانیمی شهناز،عنبر جوانشیر و قیزی لاله جوانشیر
نوروزوند لیملی اؤروشونده‌کی تارلادا

» گیریش

موغان بؤلگه‌سینده
و اردبیلین اطراف کندلرینده
بیر معلیم کیمی چالیشمیش
محرم جوانشیرین خاطیره‌لرینده ایشچیلر،
کندلی‌لر، معلیم‌لر، دؤولت اورقانلاری،
انقلاب، تحصیل سیستمی و
شهرلر، کندلر و طبیعت
خالقین ایچیندن گلن بیر معلیمین
قلمی ایله تصویر اولونور...

الینیزده‌کی بو کیتاب ایراندا پهلوی رژیمی‌نین سون ایللریندن اعتیباراً گونئی آذربایجانین **موغان** بؤلگه‌سینده و اردبیل شهری و اطراف کندلرینده معلّیم کیمی چالیشمیش **محرّم جوانشیر قوجابگلی**‌نین[۱] یازدیغی گونده‌لیکدن قالان صحیفه‌لردیر.[۲] بو صحیفه‌لر خصوصی ایله موغان بؤلگه‌سینده اینسانلارین چتین حیات شرایطینه، ایشچیلرین عدالتسیز بیر دورومدا چالیشماقدا اولدوقلارینا، اقتیصادی و اجتیماعی سیخینتیلاردان قایناقلانان کؤچ مسأله‌سینه، تحصیل سیستمی‌نین و **پهلوی** شاهی‌نین اویغولاماقدا اولدوغو و ایسلام جمهوریتی زامانیندا دا فرقلی شکیلده داوام ائدن سپاه–دانش[۳] پروقرامی‌نین هانسی شرایطده

۱. قوجابگلی‌لر شاهسئون طایفالاریندان بیری‌دیر. اونلار بؤلگه‌ده‌کی سیاسی چکیشمه‌لرده شاهسئونلرین اَن گوجلو طایفالاریندان بیری اولموشلار. گونئی آذربایجاندا، اساساً اردبیلده و موغان دوزونده یاشاییرلار. قاجار دؤنه‌مینده اوردودا یئر آلیبلار. بو طایفا و ایچینده یئر آلدیغی سیاسی کونفدراسیونلار ایله باغلی آیرینتیلی بیلگی اوچون باخینیز:
Richard Tapper, *Frontier Nomads of Iran: A Political and Social History of the Shahsevan* (Cambridge: Cambridge University Press, 1997), 221–247.

۲. تأسوفله دفترین بعضی واراقلاری قوپوب ایتمیشدیر.

۳. سپاه–دانش و یا اوخوما–یازما اوردوسو، ایراندا محمدرضا شاه پهلوی (۷۹–۱۹۴۱) دؤورونده، ۱۹۶۳ ایله ۱۹۷۹–جو ایل آراسیندا گئرچکلشن آغ انقلاب چرچیوه‌سینده حیاتا کئچیریلن تحصیل پروقرامینا وئریلن آددیر. اوخوما–یازما اوردوسونون قورولماسی ایراندا اوخویوب یازا بیلن اینسانلارین ساییسینی آرتیرمیش

نئجه اویغولاندیغینا ایشیق توتان بعضی نمونه‌لره یئر وئردییی اوچون اهمیّتلی‌دیر. متنده موغان بؤلگه‌سی و **اردبیل** اطرافینداکی بعضی کندلرین آدلاری، بیتکی و سو قایناقلاری حاقّیندا دا بعضی بیلگیلر مؤوجوددور. عینی زاماندا بو خاطیره، حاشیه‌لشدیریلمیش و آیری–سئچکی‌لیکلره معروض قالمیش گونئی آذربایجانین حاشیه‌سیندن بیر سس اولماسی آچیسیندان، ائلجه ده یازیلی قایناقلاردا یئر آلان بعضی حادیثه‌لری بیر شاهید کیمی تکرارلایاراق اونلاری یئنیدن یوروملاماغا امکان ساغلاماسی باخیمیندان دیقّته لایق بیر چالیشمادیر.

اولسا دا، تورپاق رفورمو و باشقا رفورملارلا بیرلیکده علما آراسیندا راحاتسیزلیغا سبب اولموشدور. داها آرتیق بیلگی اوچون باخینیز:

Fariba Sabahi, “Literacy Corps (Sepāh-e dāneš),” *Encyclopædia Iranica*, available online at https://shorturl.at/rzH3k (accessed online on 15 June 2023).

• خاطیره یازماغین و روایتلرین اؤنمینه دایر

تاریخ آراشدیرمالاریندا خاطیره ادبیاتی اؤنملی بیر یئره صاحیبدیر. بو ژانرا ایلک دفعه اورتایا چیخاندا، آرخاسیندا سوسیال و سیاسی گوج اولان شخصلر طرفیندن تاریخی حادیثه‌لری یاشاندیغی شکیلده ثبت ائتمک غایه‌سی[۱] ایله یازیلمیشدیر. بو شخصلر یاشادیقلاری دؤنمده بعضاً ده شخصاً شاهید اولدوقلاری اؤنملی سیاسی حادیثه‌لری، باشلیجا فتحلری، سفرلر و ساواشلاری قلمه آلیب، تاریخه قایناقلیق ائدمجک یازیلی اثرلر اورتایا قویوبلار. بونون نتیجه‌سینده مختلیف سفرنامه‌لر، فتح‌نامه‌لر، غزانامه‌لر کیمی اثرلر یازیلیب، دؤنمی‌نین حاکیملرینه و دؤولت آداملارینا تقدیم اولونموشدور.[۲] زامانلا، خصوصی ایله مودرن

۱. «غایه» سؤزو اوخونوشدا «قایه» اوخونمالیدیر. فارس و عرب دیللریندن آلینان و «غ» حرفی ایله باشلایان سؤزلر «غ» ایله یازیلیر اما اوخونوشدا «ق» اولاراق اوخونور و سؤیله‌نیر. بو قانون عرب الفباسیندا یازارکن کئچرلیدیر. لاتین الفباسیندا، آلینان سؤز هم «q» یازیلیر هم «q» اوخونور. اؤرنک: غصه ←قصه؛ غریب ← قریب؛ غرب ← قرب؛ غربت ← قربت؛ qüssə, qərib, qürbət

۲. فتح‌نامه، ظفرنامه، سفرنامه و غزانامه‌لرین یازیلماسی و ژانرانین گلیشیم و دەییشیم سورجی حاقّیندا داها آرتیق بیلگی اوچون باخینیز:
Lale Javanshir, “History and Literature Interwoven Yet Distinct: The Paşanāme, a Seventeenth-Century Ottoman Turkish Mesnevī on Conflicts in Rumelia and the Northern Black Sea Region” (ProQuest Dissertations Publishing, 2020), 7-26.

دؤنمده داها چوخ اینسان، اؤز حیاتینی و یاشادیقلارینی قلمه آلاراق اؤزوندن و یاشادیقلاریندان بیر ایز قویوب گئتمک ایسته‌میشدیر. نتیجه اعتیباری ایله بو تیپ یازیلار آرتیق ساده‌جه هر هانسی بیر سوسیال و سیاسی گوجه صاحیب اولانلارین باخیش آچیسینی دئییل، عینی زاماندا یازینی قلمه آلان شخصلرین هم اؤزلری‌نین هم ده منسوب اولدوقلاری طبقه‌لرین گؤروشلرینی یانسیتماغا باشلامیشدیر. بو نؤوع یازیلی اثرلری صینیفلندیرن آراشدیرماچیلار خاطیره ادبیاتینی خاطیره‌لر، گونده‌لیکلر و مکتوبلار اولاراق قوروپلارا آییریرلار و اونا شخص کؤکنلی قایناقلار دئییرلر.[1] بو قایناقلار اصلینده کئچمیشده یاشانانلارین گئرچکلیینی بیر-بیریندن فرقلی و مختلیف سطح‌لرده یازیلی شکیلده عکس ائتدیرن شواهید و دلیل‌لردیر. اونلار تاریخی حادیثه‌لری، سوسیال عدالتسیزلیین و چئشیدلی آیری-سئچکیلیک‌لره معروض قالمیش بیر توپلومون باشینا گلنلری، او توپلومدا یاشاییب اولانلاری شخصاً تجروبه ائدن فردلرین گؤزو ایله گؤرمه‌یه امکان یارادیر. بونونلا دا گوج سیستمیندن کناردا قالان میلّت‌لرین، توپلولوقلارین و حاشیه‌لشدیریلمیش اتنیک قوروپلارین کئچمیشینه و بوگونونه یئنی بیر آچیدان، یعنی رسمی‌لشمه‌میش روایتلردن یولا چیخاراق باخماغا امکان وئریر.

خاطیره ژانری آراشدیرماچیلاریندان اولان **پاولا فاس** (Paula Fass) دئییرکی، خاطیره‌لر ساده‌جه تاریخ ایله مشغول اولماق و یا تاریخ ایله ایلگی‌لنمک ملزمه‌سی دئییلدیر، او هم ده تاریخین منبعی‌دیر. تاریخ اینسانلارین خاطیره‌لریندن بؤیویوب گلیشر و یقین کی تاریخچیلر گلجکده بو خاطیره‌لردن یولا چیخاراق و اونلاردان دیقّتلیجه استیفاده ائده‌رک تاریخی یئنیدن قوراجاقلار.[2] بو او دئمکدیرکی، گوج مرکزلری‌نین کونترولوندا یازیلان و یا اونلارین اوره‌تدییی (تولید ائتدییی)

Saida Khakimova and Bakhtiyorovna, "Memoirs as a Source of Historical Research," *Eurasian Journal of History, Geography and Economics*, vol. 19 (April 2023): 60.

2. Paula S. Fass, "The Memoire Problem," *Reviews in American History*, vol. 34, no. 1 (March 2006): 121.

بلگه‌لر اساسیندا یورولانان و یا تأویل اولونان تاریخلر، آلترناتیو قایناقلار اساسیندا دا یوروملانماغا باشلایاجاقلار. بو یوروملار واسیطه‌سی ایله خالقلارین باشلارینا گلنلری نئجه آلغیلاییب روایت ائتدیکلرینی، تاریخین فردلر و توپلوملار طرفیندن نئجه تجروبه ائدیلدییینی و تجروبه‌لره نئجه مناسیبت بیلدیریلدییینی آنلاماق مومکون اولاجاقدیر. مثلاً رسمی بلگه‌لردن یولا چیخاراق بیلیریک کی، پهلوی رژیمی زامانیندا ایرانین مختلیف بؤلگه‌لرینده آمریکالیلارین حضورو حاقّیندا و بو حضورون سببلری ایله باغلی بیر چوخ معلومات واردیر. بو بؤلگه‌لردن بیری ده گونئی آذربایجانداکی موغان بؤلگه‌سیدیر. امّا یئرلی خالقین آمریکالیلارین حضورونا اولان مناسیبتی، اوخوموشلارین مناسیبتی و اونلارین الده ائتدییی امتیازلار و اوستونلوکلر حاقّیندا نه دوشوندوکلری و هانسی بیر قارشیلیقلی علاقه ایچینده اولدوقلاری ادبی متنلردن، گونلوک و خاطیره‌لردن داها دئتاللی بیر شکیلده آنلاشیلا بیلیر. بونون اؤرنکلرینه **رضا براهنی**‌نین[1] رازهای سرزمین من (**یوردومون سیرّلری**) رومانیندا اولدوغو کیمی، محرّم جوانشیرین خاطیره‌لرینده ده چوخ قیسا بئله اولموش اولسا راستلانماق اولور. براهنی‌نین ایکی جیلدلیک رومانی ۱۳۵۷-۱۳۳۲ ایللری آراسیندا تبریز و اردبیلده باشلایان تاریخی بیر روماندیر. باش قهرمان، **حسین** آدلی گنج بیر آذربایجانلی اوغلان، آمریکالی بیر مستشارا ترجومه‌چی

---

۱. رضا براهنی ایرانلی (ایرانداکی آذربایجانلی تورک) رومان یازاری، شاعیر، منتقید، دوشونور، عالیم و سیاسی آکتیویست‌دیر. او ۱۹۳۵-جی ایلین دکابر (دسامبر) آییندا گونئی آذربایجانین تبریز شهرینده دونیایا گلدی. تورکیه‌ده یاشادی و اوردا اونیورسیته اوخودو. سونرالار کانادانین تورونتو شهرینه یئرلشدی و تورونتو اونیورسیته‌سی‌نین قارشیلاشدیرمالی ادبیات بؤلومونده تدریس ائتدی. بیر چوخ رومان و مقاله یازدی و آذربایجان میلّی حکومتی دؤورونده‌کی خاطیره‌لرینی مصاحیبه‌لر شکلینده دانیشدی. ایراندا یاشایان میلّت‌لره ائدیلن ظولملره قارشی قلمی ایله ساواشان بیر یازیچی ایدی. براهنی ۲۰۲۲-جی ایلین مارت آییندا تورونتو شهرینده وفات ائتدی. داها آرتیق بیلگی اوچون باخینیز:
Haroon Siddiqui, “Reza Baraheni, ‘Iran’s Finest Living Poet Is Dead at 86: Knowing Him Was to Know the Agony of Contemporary Iran,” *Toronto Star*, April 2, 2022. https://t.ly/pDPfc; Vahid Qarabagli; “Reza Baraheni, Writer, Poet, Literary Critic, and Public Intellectual: A Life-long Champion of Social Justice and Freedom of Speech.” *The Caspian Post*, April 19, 2022. https://t.ly/h9pju

کیمی ایشلرکن اونون اوردو ضابیطلری طرفیندن قتله یئتیریلمه‌سینه شاهید اولور و ماجرادا هئچ بیر رولو یوخکن حبس ائدیلیر. رومان آمریکالیلارلا اولان قارماشیق علاقه‌لر اوزه‌ریندن گلیشیب داوام ائدیر. محرّم جوانشیرین خاطیره‌لرینده ده آمریکالیلارین ایشچیلرله اولان مناسیبتینه سووارما (آبیاری) واحیدینده چالیشان **مستئر وود** (Mr. Wood) آدلی آمریکالی بیر گنج اوزه‌ریندن توخونولور. محرّم یازیر کی، «ایشچی فهله‌لر ایله بیز تکنیسین‌لر گؤروروک. بو مهندیس ایله آمریکالی دا آیدا بیر دفعه ماشینلا گلیرلر کی، بیردن بیز ایشچیلره معاشلاری‌نین آزلیغی و آغیر و یوروجو ایشلری حاقّیندا دانیشمیش اولمایاق.» بئله‌لیکه یازیچی بو سطیرلر واسیطه‌سی ایله وطنداشلارین چاره‌سیزلیینی، ائلجه ده اوخوما شانسی الیندن آلینمیش ایشچیلرله اوخوموش طبقه‌نین ارتیباطلارینی اؤز چیخارلاری دوغرولتوسوندا اداره ائتمه‌یه چالیشان یابانجیلاری و اونلارین همکارلارینی دیقّت مرکزینه گتیریر.

بیر باشقا اؤرنک آذربایجانلیلارین تورک دیلی‌نین یاساقلانماسینا مناسیبتی و یارانان هر فرصتده تورک دیلی ائییتیمه (آموزشه) و یایینا یئر وئرمه مسأله‌سیدیر. بیر چوخ آراشدیرماچی پهلوی حکومتی‌نین ییخیلماسی ایله ایسلام جمهوریتینه کئچیش دؤورو آراسیندا آچیلمیش فرصتده تورک دیلی درگی و یازیلارین ساییسی‌نین آرتدیغینی آراشدیرمالارلا گوندمه گتیریر.[1] بونونلا باغلی، روایته دایانان بیر اؤرنک ده محرّم جوانشیرین خاطیره‌لرینده یئر آلان «بو ایل انقلاب باشلادیغی اوچون معلّیم‌لرین قول‌–قانادی بیر آز آچیلمیشدی. اونا گؤره ده اؤیرنجیلره تورک دیلینده کیتابلار وئریردیم و اونلارا دانیشیردیم» جمله‌سی‌دیر. بو و بنزری روایتلر، اؤزلویونده آذربایجانلیلارین دیل

۱. ایراندا تورک دیلی یایین‌–باسین تاریخی و ایسلام دئوریمی ایللرینده تورک دیلی درگیلرین ساییسی‌نین آرتماسی ایله باغلی داها قاپساملی بیلگی اوچون باخینیز:
M. Rıza Heyet, "19. Yüzyıldan Günümüze İran'da Türkçe Basın-Yayın Hayatı," Yüksek lisans tezi (Ankara Üniversitesi Sosyal Bilimler Enstitüsü, 2005), 90.

استیلاسینا سون وئرمه و تورک دیلینه رسمی ایستاتوس قازاندیرما آرزوسونون اوجقار کندلره قدر گئدیب چاتدیغینا دایر بیر گؤسترگه‌دیر. متنده‌کی بو مثاللار و روایتلری، شاهین قووولماسی و انقلابا باغلانان اومودلار و ایسلام انقلابی حاقّینداکی گؤروشلر تعقیب ائدیر. بئله‌لیکله، آنا آخیم تاریخ یازیمینا سسینی چاتدیریب تاثیر ائده بیلمه‌ین فردلر اللرینه قلم آلیب یازدیقلاری خاطیره‌لرله، اونودولموشلارین و حادیثه‌لرین بطنینده و تأثیرینده حیاتلاری شکیلله‌نن اینسانلارین سسینی بیر شکیلده دویورموش اولورلار.

خاطیره یازماق باشقا یازیلی قایناقلاردا و ادبی متنلرده کئچن حادیثه‌لره روایتلر آرتیرماق و یوروملاما امکانی یاراتماق آچیسیندان دا اهمیّتلی‌دیر. ایللردیر مستملکه دورومونددا یاشایان و مرکزین اقتصادی، سیاسی، دیلسل و کولتورل استیلاسینا قارشی دیره‌نن آذربایجانین بعضی روایتلری آنجاق ادبی متنلرده سسلنمه فرصتی تاپا بیلیبدیر. ادبی متنلر ایسه تاریخ یازیمیندا بیر تاریخ اثری قدر اوْتوْریته‌یه صاحیب اولمایا بیلیرلر. اینسانلارین یازیبا تؤکدویو حیات حکایه‌لری و یا فعالیتلری ادبی اثرلرده کئچن روایتلرله اوست‌اوسته دوشدویو زامان، او روایتلرین گووه‌نیلیرلییی و اوتوریته‌سی آرتمیش اولور. تام دا بو نقطه ده محرّم جوانشیرین خاطیره‌سینده کئچن «شاهین قاچماسی ایله، انقلاب ۲۲ بهمن گونو (۵۷/۱۱/۲۲) غلبه چالدی.[1] همین گون **دمیرچی خاراباسی**[2] بگلری سیلاح ایله ضعیف میلّته سالدیردیلار» کیمی جمله‌لر بو رولو اوستلنمه‌یه باشلاییر. بو و بنزری جمله‌لری اوخورکن سوروشولماسی اؤنملی اولان بعضی سواللار اورتایا چیخیر. مثلا، دمیرچی خاراباسی بگلری نه‌دن انقلابین غلبه‌سی ایله ضعیف میلّته سالدیرماغا باشلاییر؟

---

۱. انقلابدان مقصد ایرندا ۱۳۵۷-جی ایلده باش وئرن ایسلام انقلابی‌دیر. بو انقلاب نتیجه‌سینده محمدرضا شاه رهبرلیینده پادیشاهلیق سیستمیندن، روح‌الله خمینی رهبرلیینده ایسلامی جمهوریته کئچیلدی.

۲. دمیرچی خاراباسی، موغانین خوروزلو ماحالیندا بیر کنددیر. بو کند محرّم جوانشیرین دوغولدوغو لیملی کندی‌نین دوغوسوندا یئرله‌شیر.

بو نؤوع سالدیریلارین کئچمیشی وارمی؟ بو بگلرین بو رفتاری هر هانسی بیر تاریخی حافظه‌نین محصولو اولا بیلرمی؟ طبیعی‌دیر کی بو سوواللارا تاریخچیلرین و سوسیال بیلیمچیلرین مختلیف جوابلاری اولاجاقدیر، آمّا تاریخی رومانلاری آراشدیران و آلترناتیو روایتلره باخماق ایسته‌ین آراشدیرماچیلار و اوخوجولار، بو جمله‌نین **ابراهیم دارابی**‌نین[۱] اشک سبلان (**ساوالانین گؤزیاشی**)[۲] آدلی رومانینداکی خانلارین تالان و یاغمالارینی چاغریشدیردیغینی دوشونه بیلرلر. دارابی رومانی‌نین بیرینجی جیلدینده بعضی **شاهسئون**[۳] بگ و خانلاری‌نین آذربایجان میلّی حکومتینه[۴] قارشی شاه اوردوسو ایله ایش بیرلییی ائتمه‌سینی و ایران اوردوسو ایله بیرلیکده جینایت تؤرتمکده

۱. ابراهیم دارابی رومان یازاری و ریاضیات معلّیمی‌دیر. اشک سبلان (ساوالانین گؤزیاشی) اونون تک رومانیدیر آمّا ریاضیات و فن حاقّیندا کیتابلاری دا واردیر. یازار گون اعتیباری ایله ۸۳-۸۲ یاشلاریندا و ایراندا یاشاماقدادیر. داها آرتیق بیلگی اوچون باخینیز: ابراهیم دارابی، «گفت و گو با استاد ابراهیم دارابی؛ نویسنده و معلم پیشکسوت،» مرتضی مجدفر، ***ایشیق آذربایجان ادبیات و اینجه‌صنعت سایتی*** (۲۹ آبان ۱۴۰۱)، الده ائدیلدییی تاریخ ۵ ژانویه ۲۰۲۴: https://t.ly/hEKIZ

۲. ابراهیم دارابی، ***اشک سبلان*** (تهران: نشر دنیای نو، ۱۳۸۵)، جلد اول، ۲۰۵-۱۹۶.

۳. شاهسئونلر داها چوخ گونئی آذربایجانین موغان و اردبیل بؤلگه‌سینده، ائلجه ده قزوین ایله زنجان آراسینداکی قاراقان و خمسه بؤلگه‌لرینده یاشایان تورک طایفالاری‌دیر. اونلارین آنا وطنی صفویلر زامانیندان اعتیباراً موغان اولوبدور و اوردان باشقا یئرلره یاییلیبلار. گَله‌نکسل (سنّتی) اولاراق، کؤچه‌به حیات طرزلری اولان شاهسئونلر، قیشلاق ایله یایلاق آراسیندا گئدیش-گلیشده اولوبلار. قیشی موغاندا، یایی ایسه ساوالان داغی‌نین اتکلرینده، اردبیل، خییوو (مشکین) و ساراب چئوره‌سینده کئچیریبلر. شاهسئونلر ایله باغلی داها آرتیق بیلگی اوچون باخینیز:
Richard Tapper, *Frontier Nomads of Iran: A Political and Social History of the Shahsevan* (Cambridge: Cambridge University Press, 1997), 35–92.

۴. آذربایجان میلّی حکومتی ۱۹۴۵-جی ایلین ۱۲ دکابریندان (دسامبر) ۱۹۴۶-جی ایلین دکابر آیینا قدر گونئی آذربایجاندا میرجعفر پیشه‌وری‌نین باشچیلیغی ایله قورولوب فعالیت گؤسترمیش بیر حکومتدیر. توپلام بیر ایل داوام گتیرمیش اولماسینا باخمایاراق بیر چوخ مودرن دەییشیمه امضا آتان بو حکومت، گونئی آذربایجانلیلارین میلّی دؤولتچیلیک قورما جهدلریندن بیری اولموشدور. بو حکومتده دیل مسأله‌سی دؤولتین اساسینی تشکیل ائدن سوتونلاردان بیری کیمی نظرده توتولوردو. میلّی حکومتین دیل سیاستلری ایله باغلی بیلگی اوچون باخینیز:
Gulamhuseyn Mammadov, “Azərbaycan Milli Hökuməti və Azərbaycan Türkcəsi,” *Ana Dili- Milli Varlığın Təməli Elmi Araşdırmalar Toplusu* (2023): 56-86.

اشتراکلارینی صحیفه‌لرله روایت ائتمیشدیر. بو ایکی متن یان-یانا گلدییی زامان خانلارین میلّی حکومتدن تام ۳۲ ایل سونرا، یعنی ۱۳۵۷-جی ایلده بنزر بیر گیریشیمده اولدوقلارینی بیر تاریخی سورکلی‌لیک (تداوم) ایچینده یوروملاماغا امکان وئریر.
سون اولاراق وورغولاماق لازیمدیر کی، گونئی آذربایجان میلّتی ایرانداکی دیگر تورکلر و غیرفارس خالقلارلا بیرلیکده اوزون ایللردن بری اؤز آنا دیللرینده یازیب-اوخوماقدان محرومدورلار. اونلارین روایتلری و اولایلارا (حادیثه‌لره) مناسیبتلری چوخ واخت ساده‌جه سؤزلو حکایه‌لرده و شفاهی قایناقلاردا اؤز عکسینی تاپیر. مجبوری دیل اولان فارسجادا ایسه هامی راحاتلیقلا اؤزنو ایفاده ائده بیلمه‌یه بیلیر. بو کیمی سببلردن دولایی اولاجاق کی، خصوصی ایله ده کند بؤلگه‌لرینده گونلوک و خاطیره یازماق دبده اولان بیر فعالیت اولمامیشدیر. تام دا بو نقطه‌ده موغان بؤلگه‌سیندن گلن بیر معلّیمین سسی، قویون اوتاران چوبانین، اوشاقلارینی اوخوتماق اوچون معلّیم یولو گؤزله‌ین کندلی‌نین، آلدیغی معاشلا ائوینین کیرایه‌سینی بئله اؤده‌مکده چتینلیک چکن معلّیمین، خسته‌سینه دوکتور تاپا بیلمه‌ین ایشچی‌نین، دؤولتین میلّته بیگانه یاناشماسی‌نین و سؤمورگه‌لشمیش (مستملکه‌لشمیش) ذهینلرین اؤز خالقینا قارشی عدالتسیز داورانیشلاری‌نین آیناسی اولور. بیر سؤزله، قیسا اولماسینا باخمایاراق بو گونلوکده یازیلانلار سس‌سیز بیر کوتله‌نین یاشادیغی گئرچکلیکلره و اونلارین گونده‌لیک حیات چکیشمه‌لرینه بیر پنجره آچاراق، خصوصی ایله سوسیال تاریخ آراشدیرماچیلاری‌نین استفاده ائده بیلمه‌جه‌یی بیر ملزمه سونور.

» محرم‌جوانشیر و قارداشی عنبرجوانشیر،
لیملی کندینده

» موغان

موغان دوزو باتی طرفدن قاراسو،
قوزئی و شرقده آراز چایی و
بالهاری چایی، گونئیده ایسه
خوروزلو داغلاری ایله احاطه اولونوب.
عینی زاماندا، بؤلگه‌نین گونئیی
خیوو (مشکین) و باتیسی
قاراداغ ماحالینا دایاناقدادیر.

• موغان بؤلگه‌سی‌نین جغرافیاسی و عمومی دورومو

جغرافی اولاراق موغان دوزو خزر دنیزی‌نین باتیسینددا، تاریخی آذربایجان تورپاقلارینددا، گونوموزده بیر بؤلومو ایرانداکی آذربایجان بؤلگه‌سینده، بیر بؤلومو ده آذربایجان جمهوریتینده یئرله‌شیر. ایرانداکی آذربایجان موغانی ۱۹۹۳-جو ایله قدر شرقی آذربایجان ولایتی‌نین ترکیب حیصه‌سی ایدی، آمّا بو تاریخدن سونرا ایران مرکزی حکومتی آذربایجان بؤلگه‌سینی پارچالاییب کیچیلتمه سیاستی دوغرولتوسوندا شرقی آذربایجان ایالتیندن اردبیل آدلی بیر ایالت آییریب چیخارتدی. موغان بؤلگه‌سی بو یئنی ایالتین ترکیب حیصه‌سی اولدو.[1]

---

۱. *اتک‌یازی* وئب‌سیته‌سینده یاییملانمیش بیر مقالیه اساساً، «پهلوی‌لر حاکیمیته گلدیکدن سونرا آذربایجان گوجلو بیر ایالتدن بؤلونموش شکیلده فرقلی آدلار داشییان استانلارا چئوریلدی. آذربایجان کیچیک استانلارا بؤلوندوکدن سونرا هر بیر استان دا کیچیک شهریستانلارا بؤلوندو. ۱۳۱۶-جی ایلده ایالتلرین ساییسی ۶ اولدو و زنجان ایله قزوین آذربایجاندان آیریلدی. ۱۳۳۷-جی ایلده ایسه بیجار شهری آذربایجاندان آیریلیب کوردیستانا وئریلدی. ۱۳۳۹-جو ایلده ده آستارا گیلانا وئریلدی. قزوین، ابهر، قئیدار ایسه ۱۳۵۸-جی ایلده زنجان ایله بیرلیکده زنجان استانی اولدو. ۱۳۷۲-جی ایلده آذربایجانین دیگر اؤنملی بؤلگه‌لری آیریلاراق اردبیل استانی یارادیلدی. ۱۳۷۳-جو ایلده ده قزوین مستقیل بیر استان اعلان ائدیلدی.» مقالیه گؤره، ایرانین مرکزیتچی حکومتلری فارس کولتور و مدنیّتی‌نی دومیتانت ائدیب

موغان دوزو باتی طرفدن **قاراسو**، قوزئی و شرقده **آراز چایی و بالهاری چایی**، گونئیده ایسه **خوروزلو داغلاری**[1] ایله احاطه اولونوب. عینی زاماندا، بؤلگه‌نین گونئیی **خیوو (مشکین)** و باتیسی **قاراداغ** ماحالینا دایانماقدادیر. **ریچارد تاپرین** (Richard Tapper) یازدیقلارینا اساساً، بو بؤلگه‌نین آراز چایی‌نین جنوبوندا یئرله‌شن بؤلومو سون درجه وئریملی تورپاقلاردیر.[2] بونون سببی خوروزلو، قاراداغ، **بوزقوش**، **سهند** و **ساوالان** داغلاری سیلسیله‌سی‌نین مختلیف جهتلردن چکیلرک بیرلشمه‌سی نتیجه‌سینده اورتایا چیخان سو یاتاقلاری اولموشدور.[3] آمّا تأسوفله گونوموزده یئر آلتی سولاری‌نین اویغونسوز شکیلده قوللانیلماسی (استیفاده ائدیلمه‌سی)، سو کیرلنمه‌سی، **قوراقلیق و دؤولتین** بؤلگه‌یه مخصوص اولمایان قارپیز و بنزری چوخ سو آپاران محصوللار اکیلمه‌سینه ایذین وئرمه‌سی نتیجه‌سینده، موغان قدیم بول-بهره‌لی گونلریندن اوزاق دوشمکده‌دیر. مثلاً موغانین اوچ بؤیوک سو قایناغی اولان آراز چایی، بالهاری چایی و **دره‌اؤرت چایی** بلکه‌ده اَن آغیر گونلرینی یاشاییرلار. آراز چایی ارمنیستانین آخیتدیغی **متسامور آتوم**

تک تیپلی میلّت ایجاد ائتمک مقصدی ایله آذربایجانی پارچالاماغا داوام ائدیر. «آذربایجان ایالتی‌نین پارچالاناراق ضعیفلمه‌سی مرکزی حکومتین سیاست و پلانلاری‌نین تطبیق ائدیلمه‌سینی آسانلاشدیرمیشدیر. آذربایجان جمعیتی‌نین نظام و بوتؤولویونون ضعیفلمه‌سی آسیمیلیاسیا سیاستینی ده آسانلاشدیرمیشدیر.» مقاله‌نی داها دئتاللی اوخوماق اوچون باخینیز: «آذربایجان ایالتی نییه پارچالانیر؟،» *اتک‌یازی*، ۱۷ جون، ۲۰۲۳. (۲۰۲۴-جو ایل، یاونوار آیی‌نین ۹-دا الده ائدیلدی). https://t.ly/uiOld

۱. خوروزلو ماحالی، موغانین گونئی بؤلگه‌سینده سیرا داغلاردان هؤرولموش بیر ماحالدیر. خوروزلو ماحالی‌نین اه‌ن یوکسک داغی خانیملی ذیروه‌سیدیر. قورو چای ایله برزند چایی بو ذیروه‌دن آخیب موغان دوزونه حیات گتیریر.

۲. موغانین تاریخی اهمیّتی و بولگه‌ده یاشایان مختلیف طایفالار و قوروپلار حاقّیندا قاپساملی بیلگی اوچون باخینیز:
Tapper, *Frontier Nomads of Iran*, 72–92; Richard Tapper, "Moğān (or Dašt-e Moğān, also Muqān), a lowland steppe in Azerbaijan," *Encyclopædia Iranica*, available online at Iranica: https://t.ly/2Jjqu (accessed online on 10 July 2023).

۳. رحیم هویدا، **موقع جغرافیائی دشت مغان و چند رویداد تاریخی آن** (تبریز: دانشگاه تبریز، ۱۳۵۰)، ۸۰ ؛ میرنبی عزیززاده، **تاریخ دشت مغان** (تهران: موسسه مطالعات تاریخ معاصر ایران، ۱۳۸۵)، ۴۵-۱۵.

انرژی سانترالی (Metsamor Nuclear Power Plant)[1] توللانتیلاری و باشقا توللانتیلار ایله زهرله‌نرکن، بالهاری چایی ایله دره‌اؤرت چایی سو سوییه‌سی دوشوشو ایله قارشی–قارشی‌یادیر.[2] بوتون بونلار اوچ شهر یعنی پارس آباد، بیله‌سووار، گئرمی[3] و اطرفلاریندا‌کی یوزلر کند و قصبه‌ده یاشایان آذربایجان تورکلری‌نین حیاتینا منفی تاثیرلر گؤستریر و یوخسوللوق، ساغلیق سیخینتیلاری و مجبوری کؤچ کیمی

---

۱. ارمنیستانین متسامور آتوم انرژی سانترالی ایروانین ۳۶ کیلومتر اوزاقلیغیندا یئرله‌شیر. گونئی قافقازین تک آتوم انرژی سانترالی اولان متسامور سانترالی دونیانین اَن تهلوکه‌لی آتوم سانترال‌لاریندان ساییلیر و بوتون دونیادا ساده‌جه بئش دهنه‌سی قالان ایلک نسیل سانترال‌لاردان بیری‌دیر. *اتک‌یازی* وئب‌سیته‌سینده یاییلانمیش بیر مقالیه اساساً، ارمنیستان حکومتی اوزون ایللردن بری صنایع و معدنچیلیک فعالیت‌لریندن قایناقلانان توللانتی سولارینی تصفیه ائتمه‌دن آراز چایینا آخیدیر. عینی زاماندا هر ایل نئچه یوز تون اورانیوم قوللانان متسامور سانترالی‌نین توللانتی سولارینی دا عینی شکیلده تصفیه ائتمه‌دن آرازا تؤکور. آراز چایی‌نین بو سانترالین توللانتیلاری ایله چیرکلنمه‌سی حاقّیندا دئتاللی بیلگی اوچون باخینیز: «آراز چایی‌نین چیرکلنمه‌سی؛ اکولوژیک تخریب، بیولوژیک تهلوکه، یوخسا عادی چیرکلنمه؟،» *اتک‌یازی*، ۱۱ آگوست، ۲۰۲۳. (۲۰۲۴–جو ایل، فورال آیی‌نین ۷–ده الده ائدیلدی).
https://shorturl.at/5NJwG

۲. ایراندا، خصوصی ایله ده گونئی آذربایجاندا سو بؤحرانی ایله باغلی داها آرتیق بیلگی اوچون باخینیز: «*ایراندا داخلی استعمارین سو بوحرانینا تاثیری،*» *ایرانین حاشیه–مرکز مناسبت‌لرینده باش وئرن سو بوحرانی، حاضیرلایان: ایراندا آذربایجانلیلارین اینسان حاقلاری درنگی* (اهراز آراشدیرما قوروپو) (استانبول: قوبوستان یایینجیلیق، ۲۰۲۳)، ۹۱–۸۱.

۳. پارس آباد، بیله‌سووار و گئرمی موغان بؤلگه‌سی‌نین اوچ بؤیوک شهری‌دیر. بونلاردان بیله‌سووار آذربایجان جمهوریتی‌نین سرحددینده یئرله‌شیر و اوتایدا دا عینی آددا بیر شهر واردیر. پارس آباد شهرینه گلینجه، شفاهی بیلگیلره اساساً بو شهرین آدی ۱۳۳۰–جو ایلده شهرین تَملینی قویان «شیار–آذربایجان» شرکتی‌نین باش مدیری مهندیس ابراهیم پارسانین سوی آدی اولان «پارسا» سؤزوندن گؤتورولوبدور. «پارسا» و «آباد» سؤزلری یان–یانا گلینجه، شهرین آدی پارس آباد اولاراق دئییلمه‌یه باشلاییبدیر. یئنه ده شفاهی بیلگی‌لره اساساً، پارس آبادین مهندیس پارسانین گؤردویو ایشلرله آبادلاندیغی دئییلسه ده، اوندان اؤنجه مهندیس کفایی بورالاردا آبادلیق ایشلرینه باشلامیشدیر. اونون آراز چاییندان اکینجک یئرلرینه سو چکمه‌سی ایله اطراف کندلرین اینسانلاری پارس آبادا اوز توتوبلار. او زامانلار ۱۵–۱۴ یاشلاریندا اولان عنبر جوانشیر دئییر کی: «پارس آبادا گئدنلرین چوخو کندده یئری و مولکو اولمایانلار ایدی. اوردا قالاجاق یئری اولمایان بو اینسانلار، اؤزلرینه قارغی ایله ائو دوزلدیب اوستونه نایلون چکردیلر. سونرا بیر ایل ایچینده قالدیقلاری یئری صاحیبله‌نه‌رک اؤزلرینه زیغ ایله ائو دوزلدردیلر. او واختلار یاغیش یاغاندا پارس آبادا چکمه‌سیز گزمک مومکون اولمازدی. آیاق‌قابی آیاقدان چیخیریب زیغا ایلیشردی. چوخ آدام آیاق‌قابیسینی چیخاردیب آیاق یالین زیغدان کئچردی.»

پروبلملریـــن اورتایـــا چیخماسینـــا ســـبب اولماغـــا داوام ائدیـــر.

» محرّم معلیم

عؤمرونو آذربایجان اوشاقلارینا
علم اؤیرتمه‌یه آدامیش
بیر معلیم ایدی...

• محرّم جوانشیر کیمدیر؟

محرّم جوانشیر عؤمرونو آذربایجان اوشاقلارینا علم اؤیرتمه‌یه آدامیش بیر معلّیم ایدی. او معلّیملیک ایللری بویونجا گئدیب یاشادیغی یئرلرده‌کی اینسانلارین گونده‌لیک حیاتی، سیخینتیلاری، اجتیماعی و اقتیصادی وضعیتلری باره‌ده نوتلار و یازیلار یازدی و گونوموزه بؤلگه اینسانی‌نین حیاتینا ایشیق توتاجاق بیر خاطیره دفتری امانت بوراخدی.

محرّم ۱۳۳۰–جو ایلده فروردین آیی‌نین بئشینده موغانین **لیملی**[1] کندینده دونیایا گلدی. آتاسی **اصبر** ایله آناسی **گولقاییت**، هر

---

۱. لیملی، موغانین خوروزلو ماحالیندا داغلیق بیر کنددیر. کندین بعضی تپه‌لری‌نین، یاماجلاری‌نین، دره‌لری‌نین، یوللاری‌نین و بولاقلاری‌نین آدی بونلاردیر: ایلدیرم ووران داغی، چرنبیل قایاسی (Çərənbil qayası)، یاماج، ایشیق چیخماز، گونئی، چوخور، قیزیل گوللوک، عربلی یئری، گئن پاجا، قوشا پاجا، تیکانلی پاجا، سدد آراسی، سولو پاجا (Sulu paça) ، داشلیق یول، ائل یولو، پئنجاللی یولو، اوتای، گوده دره (Güdə dərə) ، باش پاجا، دال دره، جین دره‌سی، سؤیودلو دره‌سی، آباس دره‌سی، بایقوش دره‌سی، دوه داشی، قویون بولاغی، آشاغی بولاق، یوخاری بولاق.

ایکیسی جوانشیرلر[1] عایله‌سیندن‌دیر. حیات یولداشی (خانیمی) **شهناز نوروزوند**، **ارشه‌لی**‌دیر.[2] اونلارین ملاحت (ملک) آدلی بیر قیزی، **بابک و ائلدنیز**[3] آدلی ایکی اوغلو واردیر. محرّم موغانین بیر چوخ کندینده معلّیملیک ائتدیکدن سونرا سون معلّیملیک ایللرینی اردبیل شهری‌نین **هفتان** اولاراق بیلینن محله‌سینده‌کی **آزادی اوغلان** **فرهنگیان** **ابتیدایی مکتبینده** تدریس ائتدی. عؤمرونون بؤیوک بیر قیسمینی معلّیم

۱. جوانشیرلر تورک طایفالاریندان بیری اولان افشارلار طایفاسینا منسوبدورلار. ۱۷۴۷-جی ایلدن ۱۸۲۲-جی ایله قدر قاراباغین حکمدارلاری و قاجار دؤنمینده قافقازین و قاراباغ ماحالی‌نین اَن اعتیبارلی عایله‌لریندن اولموشلار. اونلارین بعضی عضولری روسلارین قاراباغ و شوشا شهرینه تام حاکیمیّت قورماسی ایله ایراندا قاجار سارایینا گلمیش و اوردا یوکسک وظیفه صاحیبلری اولموشلار. جوانشیرلر گونوموز آذربایجان جمهوریتی‌نین قاراباغ بؤلگه‌سینده و قیسماً ده ایراندا یاشاییرلار. جوانشیر سولاله‌سی تاریخی حاقّیندا داها قاپساملی بیلگی اوچون باخینیز:
Mirzə Yusif Qarabağı və Mir Mehdi Xəzani, *Qarabağnamələr*, tərtib edən və elmi redaktor Nazim Axundov and Akif Fərzəliyev, ikinci kitab (Bakı: Şərq-Qərb, 2006), 122-126, 243.

۲. ارشه سؤزو یازیلی قایناقلاردا «ارشق» اولاراق یازیلیر، اما یئرلی خالقین تلفّوظو «ارشه»دیر. ارشه گونئی آذربایجان و یا ایرانداکی آذربایجاندا، مشکین، اردبیل و موغان آراسیندا ایکی مین کیلومتر کوادرات (کیلومتر مربع) بیر بؤلگه‌دیر. ارشه‌ده ۳۰۰-دن چوخ کند واردیر. بو کندلر بو شکیلده کند بؤلگه‌لرینه آیریلیر: ۱) مرکزی قوشا اولان آلتی قوزئی کند بؤلگه‌سی، ۲) مرکزی رَزئی اولان مرکزی کند بؤلگه‌سی، ۳) مرکزی تقی دیزج (تقی دیزه) اولان دوغو کند بؤلگه‌سی، ۴) مرکزلری مرادلی، سالاوات و کنچووا (Kənçuva) اولان باتی کند بؤلگه‌سی. دوغو کند بؤلگه‌سی اردبیلین بیر پارچاسی‌دیر. ۲۸۳ کنددن و قیشلاقدان عبارت اولان قالان کند بؤلگه‌لری مشکینه باغلیدیر. آذربایجان میلّی حرکتی آیدینلاریندان اولان و میلّی حاقلار اوغورندا ایران حکومتی طرفیندن سورگونه گؤندریلن ۱۳۳۵-جی ایل دوغوملو اکبر آزاد دا ارشه‌لی‌دیر و آغ‌بولاق کندینده دونیایا گلیبدیر. گونوموزده ارشه بؤیوک محرومیّتلر یاشاییر و بیر چوخ کندی‌نین یولو و مناسیب ایچمه‌لی سویو یوخدور. باخینیز:
Ibrahim Savalan (@ibrahimsavalan), "ارشه یا ارشق منطقه‌ای به وسعت دوهزار کیلومترمربع میان مشکین، اردبیل و مغان است." Telegram, August 12, 2021, 6:15 a.m., https://t.me/ibrahimsavalan.

۳. ائلدنیز آدی دوست-تانیشلار آراسیندا و غیررسمی اورتاملاردا سسله‌نن آددیر. رسمی کیملیکده بو آدی آلماق مومکون اولمامیشدیر، چونکی ایراندا تورک عایله‌لرین اوشاقلارینا تورکجه آد قویمالاری هر زامان بؤیوک بیر چتینلیک اولوب و هله ده چتینلیک اولماغا داوام ائدیر. آذربایجان تورکلری اوشاقلارینا آنا دیللرینده آد قویماق اوچون بعضاً ایللر سورن مجادیله‌لر وئریرلر و بیر چوخ اوشاق ایللرله کیملیکسیز قالاراق سوسیال و مدنی خیدمتلردن محروم یاشاییر. ائلدنیزه مازیار آدینی ایرانین ثبت-احوال اداره‌سی وئریبدیر. بو بیلگیلری عایله‌نین عضوو اولدوغوم اوچون بیلیرم. محرّم جوانشیر منیم عمیم و بابام اصبرین بؤیوک اوغلودور (لاله جوانشیر).

اولاراق چالیشماسینا باخمایاراق بیر چوخ ابتیدائی مکتب معلّیمی کیمی او دا مادی سیخینتیلار یاشادی. بو سیخینتیلاری آشماق مقصدی ایله ابتیدایی مکتبدن اورتا مکتب و لیسئی (دبیرستان) معلّیملیینه کئچمک اوچون اردبیلین **علامه طباطبایی** اونیورسیته‌سینده تحصیله باشلایاراق لیسانس درجه‌سی آلماغا نیّت ائتدی. آمّا ۱۳۷۲-جی ایلده لیسانس درجه‌سینی آلماقدا اولدوغو سیرادا کانسر (سرطان) خسته‌لیینه یاخالاناراق قیرخ ایکی یاشیندا دونیادان کؤچدو.

» ۶۳/۳/۱۸ ، ساوالان اتکلرینده آغ امام مکتبی نین حیطی

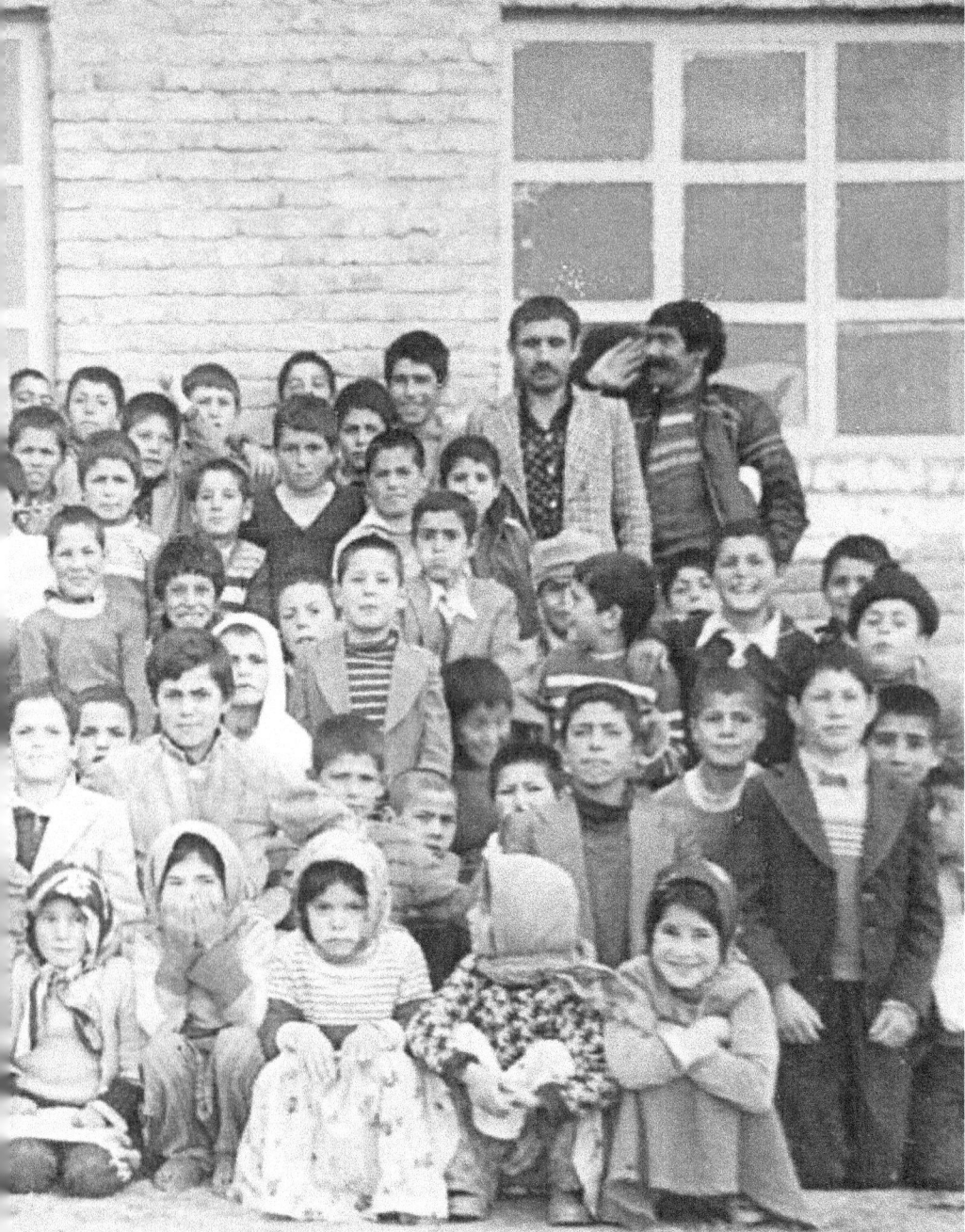

« کئچمیشین پیچیلتی لاری

گونئی آذربایجاندا کند معلیمی
محرم جوانشیرین خاطیره‌لری
(۱۳۵۲-۱۳۶۲)

• ۱۳۵۲- جی ایل

۵۲/۸/۲۰ تاریخینده بیزی سپاه‌-دانش آدینا **ساراب**[1] قیشلاسینا (پادگان) آپاردیلار، آمّا بو قیشلادا اوچ گوندن چوخ قالمامیش **عجب‌شئره**[2] گؤندردیلر. دئییله‌نه گؤره، مرکزدن **ظفّار**[3] عصیانچیلارینی باسدیرماق هدفی ایله **عمّان** اؤلکه‌سینه گؤندرمک اوچون داها چوخ عسگری گوجه (نظامی نیرو) احتیاج اولدوغو خبری گلمیش ایمیش. بللی دئییل ظفّاردان بیزه نه؟! آمّا منجه بو بئش یوز قیرخ نفر دیپلوم

---

۱. ساراب (سراب)، ایرانین دوغو آذربایجان ایالتی‌نین شهرلریندن بیری‌دیر. گونئی آذربایجان یئر آدلارینین اتیمولوژیسی و سؤزلوک آنلاملاری حاقّیندا بیلگی اوچون باخینیز:
Nasser Khaze Shahgoli ve Valiollah Yaghoobi, *İran'da Türkçe Yer Adları: Batı Azerbaycan, Doğu Azerbaycan, Erdebil ve Zengan Vilayetleri Yerleşim Yeri Adları* (Oykonimler) (İstanbul: Ötüken Neşriyat A.Ş., 2022).

۲. عجب‌شئر، ایرانین دوغو آذربایجان ایالتی‌نین جنوبوندا یئرله‌شن بیر شهردیر. تاریخی آدی دیزه اولوب.

۳. ظفّار آیاقلانماسی ۱۹۶۳ ایله ۱۹۷۶ ایللری آراسیندا عمانین ظَفّار (Dhofar) ولایتینده باش وئرن بیر آیاقلانمادیر. بعضی آراشدیرماچیلار عصیانین شوروی طرفیندن دستکلندیینی یازارکن، بعضیلری ده اونون بیر چوخ قارماشیق سیاسی، اقتیصادی و اتنیک مسئله‌لردن قایناقلاندیغینی ساوونور. عمّان دؤولتی آیاقلانمانی اینگلیس و ایران دؤولتی‌نین یاردیمی ایله باسدیرا بیلدی. داها آرتیق بیلگی اوچون باخینیز:
Olena Andriyenko, "The Dhofar Rebellion (1963-1976) as the Final Stage of Sultan Said Bin Taimur's Policy," *Paradigm of Knowledge*, no. 4-42 (2020).

مدرکلی‌دن، سانیرام اون‌-اون‌ایکی نفری ایرانین اورتادوغو بؤلگه‌سی‌نین ژاندارمی اولدوغونو و بو آغیر و اوتانج وئریجی وظیفه‌نین آمریکا ایمپریالیزمی[1] طرفیندن بیز مظلوم میلّته تحمیل ائدیلدیی‌نی بیلیر. دان‌یئری آغاراندا، آذربایجانین سویوق هاواسیندا «حاضیر اول» ترومپتی[2] چالینیر. ماشینلار قیشلانین قاباغیندا حاضیردیرلار. سحر ساعات ۶-دا سارابا و ووقارلی ساوالان داغینا[3] الوداع دئییب عجب‌شئره ساری یولا دوشوروک.

○ **عجب‌شئرده**

بیزی قوروپلارا آییریرلار. ایلک هفته منی و باشقا ایکی نفری کیتاب اوخودوغوموز اوچون جزالاندیریرلار.[4] کیتابلاری دا بیزدن آلیب بیرتیرلار. سونراکی هفته عسگرلردن بیری‌نین الینده **دوکتور علی شریعتی**‌دن[5] بیر کیتاب گؤروب اونا بئش گون زیندان وئریرلر. گئنل

1. آمریکا ایمپریالیزمی تئریمی «آمریکای جهانخوار» و یا «جهانخوار آمریکا» ترکیبی‌نین قارشیلیغی اولاراق ترجومه اولونوب.

2. ترومپت، اوجوندا آغیزلیق اولان نفسلی میس موسیقی آلتی‌دیر.

3. ساوالان داغی، اردبیل و خییوو (مشکین) شهرلری آراسیندا یئرله‌شیر. هوندورلویو ۴۸۱۱ متردیر. تورکجه‌ده «ساوالان» اولاراق تلفّوظ ائدیلن بو آد، ایراندا مجبوری آسیمیلاسیون و فارسلاشدیرما سیاستلری دوغرولتوسوندا «سبلان» اولاراق یازیلیر. متنین یازیلدیغی دیل فارسجا اولدوغوندان یازارین فارسجا متنده «سبلان» یازدیغی دوشونولمکده‌دیر.

4. ایراندا بعضی کیتابلاری اوخوماق و بعضی عنواندا کیتابلاری بیر شکیلده الده ائتمک یاساق اولوبدور. خاطیرلادیغیم قدر، لیملی کندینده منیم بؤیوک ننه‌م بعضی کیتابلاری نایلونا بوکوب، حیطده قازدیغی چوخورا باسدیراردی. اوشاق اولدوغوم اوچون گئدیب اونا-بونا دئمه‌ییم دئیه منه بونلاری قونشولاردان گیزلین اکیریک، گلیب اوغورلاییب آپارماسینلار دئمیشدی. اونون اوشاق یاشلی منی سیرّ ساخلاماغا اقناع ائتمک اوچون دئدیی‌نه گؤره یاخیندا بوردان کیتاب آغاجی بیته‌جکدی و عمی‌لریم آرتیق کیتابا پول وئرمک یئرینه آغاجدان کیتاب دریب اوخویاجاقدیلار. باسدیریلان کیتابلارین آراسیندا صمد بهرنگی‌نین کیتابلاری دا وار ایدی (لاله جوانشیر).

5. علی شریعتی (۱۹۷۷-۱۹۳۳)، ایرانلی سوسیولوق و آیدیندیر. او لیسانسینی مشهد اونیورسیته‌سینده عرب و فرانسه دیللری اوزه‌رینه اوخودو و دوکتوراسینی فرانسه‌نین سوربون اونیورسیته‌سینده سوسیولوژی بؤلوموندە تاماملادی. ایرانا قاییداندان سونرا ۱۹۶۴-جو ایلده حبس اولوندو. آزادلیقدان سونرا مشهد

اولاراق کیتاب اوخوماق یاساق‌دیر.
من بؤیوکلر اوچون اولان اوخویاق و یازاق درسلیینی ساوادسیز عسگرلره و کؤنوللولره درس وئرمه‌یی عهده‌له‌نیرم. آدی **پولاد کارگر** اولان عسگر منیمله عینی ولایتدن‌دیر، موغان دوزونون **تولاچی** کندیندن.[1] درس باشلاییب آمّا پولاد اورتالیقدا گؤرونمور. او یاریم ساعات سونرا چاتیر.
– «هاردا ایدین؟»
– «یوزباشی (سروان) **گوهرفر** ائوی‌نین اطرافینی تمیزلتمک اوچون منی ائوینه آپارمیشدی.»
پولاد دا کیتابینی آچیر. درسی تکرارلاییرام:
آب[2] بیر هیجادیر. نییه؟ چونکی الیمیز بیر دفعه آشاغی ائندی. آب سؤزونده نئچه سس وار؟ آ — ب. نییه؟ چونکی ایکی بارماغیمیز یوخاری قالخدی.[3] ایلک سس نه ایدی؟ آ. هانسی آ؟ باشدا گلن آ. ایکینجی سس نه ایدی؟ ب. هانسی ب؟ سوندا گلن ب ...

اونیورسیته‌سینده درس وئرمه‌یه باشلادی. تهراندا همای ارشاد آدلی دینی ائیتیم (آموزش) مرکزی‌نین قورولماسینا یاردیم ائتدی. داها سونراکی ایللرده تاریخ و ایسلام سوسیولوژیسی حاقّیندا مقاله‌لر و کیتابلار یازیب دانیشیقلار ائتدی. ایرانین او زامانکی رژیمینی، مارکسیزمی، ایران آیدینلارینی و محافظه‌کار دینی لیدئرلری تنقید ائتدی. ۱۹۷۲-جی ایلده تکرار حبس اولوندو. آزادلیقدان سونرا ۱۹۷۷-جی ایلده انگیلتره‌یه گئتدیب اوردا وفات ائتدی. اونون اؤلومو اورک دایانماسی سببی ایله اولسا دا، طرفدارلاری ساواکی (ایران امنیت و ایستیخبارات تشکیلاتی) بو اؤلومدن مسئول توتورلار. داها آرتیق بیلگی اوچون باخینیز:
Adam Augustyn, "'**Ali Shari'ati**, Iranian Intellectual," *Encyclopædia Britannica*, available online at https://t.ly/DW-V2 (accessed online on 20 June 2023).

۱. تولاچی کندی، گونئی آذربایجاندا یئرلشیر و گونوموز ایرانین اردبیل ایالتی‌نین گئرمی شهرینه باغلیدیر. بؤلگه‌نین بیر نؤوع کیلیم اولان ورنی (vərni) اوره‌دیمینه (تولیدینه) اؤنملی قاتقیسی اولان بیر کند دیر.

۲. آب، تورک دیلینده سو دئمکدیر. ایراندا درسلری فارس دیلینده کئچمک مجبوریتی یانسیتماق آدینا بو سؤز ترجومه ائدیلمه‌ییبدیر.

۳. الین آشاغی ائنمه‌سی و بارماقلارین یوخاری قالخماسی سؤزلرین هیجالارینی و سسلرینی اوشاقلارا اؤیرتمک اوچون قوللانیلان بیر یؤنتمدیر (روش‌دیر). هیجانی سایماق اوچون ال چییندن آشاغی ائندیریلر. هر ائنیش بیر هیجایا برابر ساییلیر. سسلری سایارکن، هر سس اوچون یومروقلانمیش الین بیر بارماغی قالدیریلیر. قالدیریلان بارماقلارین ساییسی سؤزون نئچه سسدن اولوشدوغونو گؤستریر.

ائرتەسی گون پولاد بوروشوق بیر پاکت گتیریر: «جوانشیر، باخ گؤر آتام نە یازیب؟»
پاکتی آلیب مکتوبو اوخویورام. بوردا مکتوبو اولدوغو کیمی گتیریرم:

گؤزوم نورو جانیم پولاد، سلام علیکیم. حالین نئجەدیر؟ من، آنان و باجین یاخشی‌ییق آمّا سنە گؤندەرمەیە پولوم یوخ ایدی. گلن هفتە او تک کئچینی و ائششەیی ساتیب، یاخیندا سنە گؤندرمجەیم. یاشلی عمین دە سلام گؤندریر. آتان علیش‌ین طرفیندن
۵۲/۹/۱

چوخ قار یاغیب. نفت تاپیلمیر.

خلاصە، ائییتیم (آموزش) دؤنمی بیتیر و بیزی بؤلوکلرە آییریرلار. گئجە اورمیەیە[۱] چاتیب قیشلانین (پادگانین) مسجیدیندە گئجەلەییریک. گون‌اورتایا یاخین بیزی یئنە دە بؤلورلر. بیر قوروپ **پیرانشهرە**[۲]، باشقا قوروپلار دا **سلماس**[۳]، **خوی**،[۴] **مرند**،[۵] **مهاباد**[۶] و **قوشچویا**[۷] گؤندریلیر.

---

۱. متندە اورمیە شهری‌نین آدی **رضائیە** اولاراق یازیلمیشدیر. پهلوی دؤنمیندە فارشلاشدیرما سیاستلری دوغرولتوسوندا قیسا بیر مدت اورمیەنین آدی رضائیە دەییشدیریلمیشدی. اورمیە گونئی آذربایجانین بؤیوک شهرلریندن بیری و ایرانین باتی آذربایجان ایالتی‌نین مرکزی‌دیر.

۲. پیرانشهر، ایرانین باتی آذربایجان ایالتیندە بیر شهردیر. شهرین تاریخی تورکجە آدی **خانا** اولوب.

۳. متندە سلماسین آدی **شاهپور** اولاراق یازیلمیشدیر. پهلوی دؤنمیندە فارشلاشدیرما سیاستلری دوغرولتوسوندا قیسا بیر مدت سلماسین آدی شاهپورا دەییشدیریلمیشدی. سلماس ایرانین باتی آذربایجان ایالتیندە یئرلەشیر.

۴. خوی، ایرانین باتی آذربایجان ایالتیندە بیر شهردیر.

۵. مرند، ایرانین دوغو آذربایجان ایالتیندە بیر شهردیر.

۶. مهاباد، ایرانین باتی آذربایجان ایالتیندە بیر شهردیر. شهرین تاریخی تورکجە آدی **ساووج‌بولاق** اولوب.

۷. قوشچو، ایرانین باتی آذربایجان ایالتیندە بیر شهردیر. اورمیە شهرینە باغلیدیر.

» عسگرلیک ایللری، عجب شئر قیشلاسی (پادگانی)

دوستوم و صینیف یولداشیم **علی اکبر ابوالحسنیان اردبیلی** ایله من قوشچویا گئدیب، اوردا دا ۳۰۸–جی توپچو آلایی، ۲–جی تابوردا[1] بیرلیکده عسگرلیک خدمتینه باشلاییریق.

ایکینجی هفته آتام منی گؤرمه‌یه گلمیشدی، آمّا من کئشیکچی ایدیم. یولداش ابوالحسنیان منیم یئریمه **جبهه قاپیسی** پوستوندا کئشیکچی اولدو. ایذین کاغیذی آلدیم. جبهه قاپیسی‌نین یاخینلیغیندا بیر کامیونون زیارتچیلردن سیویل بیر شخصی ووردوغونو گؤردوم. او قدر چوخ قورخدوم کی! آتام اولدوغونو ساندیم. آمّا منیم آتام دئییلدی. قاراداغلی[2] عسگرلردن بیری‌نین آتاسی ایدی. یازیق کندلی! ماشین گؤرمه‌ییب، یولو یوخدور، حیاتی یوخدور، یاشامین پنجه‌لرینده ایلیشیب قالیب و سرمایه‌دارلار اونلارین زحمتلری‌نین نتیجه‌سینی تالاییب اؤزلری اوچون یزیدواری[3] دبدبه‌لی سارای راحاتلیغی دوزوب–قوشوبلار. ایران، بو چاره‌سیزلر دیاری، آمریکالیلارا وطن اولوب. اجتیماعی عدالتدن خبر یوخدور. فساد، ظولم، یوخسوللوق و قومار باش آلیب گئدیر.

---

۱. تابور سؤزو فارسجادا «گردان»، آلای سؤزو ایسه «هنگ» دئمکدیر. نظامی گوجلرین مختلیف بؤلوملری کیچیکدن بؤیویه بونلاردیر: تیم، مانقا، تاخیم، بؤلوک، تابور، توغای، تومن، قول‌اوردو، اوردو، اوردو قوروپو.

۲. قاراداغ، ایرانین باتی آذربایجان ایالتینده یئرله‌شن داغلیق بیر ماحالدیر. بؤلگه اورمانلیق آلانی ایله، تاریخی قالالارا، خصوصی ایله بابک و یا بذ قالاسینا ائو صاحیبلییی ائتمه‌سی ایله، یئر آلتی ثروتلری و میس معدنلری ایله و آذربایجان موسیقی و ادبیاتیندا آشیقلاری ایله بیلینن بیر بؤلگه‌دیر. قاراداغ اورمانلاری ۱۹۷۶–جی ایلده یونسکو طرفیندن **بیوسفر قوروغو** اولاراق اعلان ائدیلمیشدیر. داها آرتیق بیلگی اوچون باخینیز:
UNESCO, “Arasbaran Biosphere Reserve, Islamic Republic of Iran,” 2019, available online at https://t.ly/GWO-JN (accessed January 7, 2024).

۳. یزیدواری: یزیده بنزر.

• ۱۳۵۴ـ جی ایل

ایـکی ایـل عسـگرلیک خیدمـتی باشـا چاتیـر. ایـندی ایـش آختارماغـا گئتمه‌لی‌ییـک. مـن بیرنئچـه نفـر ایلـه بیرلیکـده موغانیـن پارس‌آبـاد شـهرینه گئدیـب اوردا اکینچیلیـک، صنایـع و حیواندارلیـق اداره‌سینـده[1] ایشـه آلینیـرام. آمّـا بـو ایـش مـنی راضی سـالمیر. داهـا ایلک باشـدا فهلـه کیشیلر و اونلاریـن چتیـن و سـانجیلی حیـاتی ایلـه تانیـش اولـورام. بـو فهلـه‌لـر آذربایجانیـن او سـرت سـویوغوندا ۲۴ سـاعات ایشـله‌ییب ۲۴ سـاعات ائـوده قالیـرلار. یـوز آلتمیـش بئـش نفـر، شـهردن ۳۸ کیلومتـر اوزاق بیـر منطقـه‌ده چالیشیـب گئجـه‌نی ده اوردا قالیـرلار. زراعتیـن ایچینـده سـووارما ایـشی ایلـه مشـغولدورلار. مـن ده نـه عؤمرو حیاتیمـدا نـه ده تحصیلاتیمـدا آدی بئلـه قولاغیمـا دەیمه‌میـش سـووارما ایشـلری تکنیسیـنی اولاراق چالیشیـرام. بـو حاقـدا سـاده‌جه بیـر نئچـه کلمـه x، y و معادیلـه‌لـردن باشـقا هئـچ بیـر شـئی بیلمیـرم. بیـزه جبـر معادیلـه‌لریـنی درسـده اؤیره‌دیبلـر، آمّـا اجتیمـاعی نامعادیله‌لـر و بشـر حیـاتی حاقّینـدا هئـچ نـه دئمه‌ییبلـر.

---

۱. موغـان اکینچیلیـک، صنایـع و حیواندارلیـق اداره‌سی‌نیـن (اداره کشـت و صنعـت و دامپـروری مغـان) اورژینـال آدی «شـرکت مـلی کشـت و صنعـت دامپـروری پارس»دیـر.

ایندی واختیدیر! بو قیسا سوره‌ده اینسانلار آراسینداکی نامعادیله‌لری عملی صورتده مشاهیده ائدیب اؤیرنمه‌لی‌ییک.
سووارما واحیدینده بیزیمله بیرلیکده اینسان دوشمانی دئیه بیلجه‌ییم بیر مهندیس ایشله‌ییر. آدی **احمد آللاهیاری**دیر. فهله‌لره قارشی قودوز ایت کیمی داورانیر. مستئر وود آدلی آمریکالی بیر گنج ده اونونلا بیرلیکده چالیشیر. ایشی فهله‌لر ایله بیز تکنیسین‌لر گؤروروک. بو مهندیس ایله آمریکالی دا آیدا بیر دفعه ماشینلا گلیرلر کی، بیردن بیز ایشچیلره معاشلاری‌نین آزلیغیندان، آغیر و یوروجو ایشلریندن دانیشمیش اولمایاق.
بیر گون (۵۴/۱۱/۲) شدّتلی فیرتینالی هاوادا فهله‌لردن بیری الینده‌کی بئلی بیر کنارا آتیب قاچا-قاچا یانیما گلدی و دئدی: «آروادیم دوغوردو. ایندی اوندان خبریم یوخدور. ایجازه وئرین ائوه گئدیب نئجه اولدوغونو اؤیره‌نیم.»
دئدیم: «نه ایله گئده‌جکسن؟»
دئدی: «پیادا گئده‌رم.»
دئدیم: «یول اوزاقدیر. کئچ اوتور ماشینلا گئده‌ریک.»
اونو ائوی‌نین قاپیسینا قدر آپاردیم. یولدا خانیمی‌نین خسته‌لییندن دانیشدیق. لازیم اولسا اداره‌نین ماشینی ایله دوکتورا چاتدیراریق دئدیم. ائله ده اولدو. اونو لندرووئر ماشینی ایله پارس آبادا یئتیردیک. معاینه‌دن سونرا دوکتور تئز زاماندا گئرمی دوغوم ائوینه آپارماغی امر ائتدی. ۲۵۰ تومنه بیر پیکان[1] توتدوق. اونلار گئرمی‌یه گئتدیلر، من ده یوخلاما (حضور-غیاب) مسئولو اولان شخصه اونو «ایش باشیندا حاضیردیر» یازماسینی سؤیله‌دیم. ایشه قاییتماسی اون گون چکدی. آی سونوندا معاشینی آلدی.
باشقا بیر فهله بو حادیثه‌نی مهندیسه خبر وئریر و بئله آچیقلاییر: «جوانشیر اؤزباشینا فهله‌لردن بیرینه ایذین وئریبدیر. دونن ده بیزی

---

۱. پیکان، ایراندا اوره‌دیلن (تولید اولان) بیر ماشین‌دیر.

توپلامیشـدی، سیزیـن معاشینیـز آزدیـر ایـشی تعطیـل ائدیـن، دئییـردی؛ او بیـر نفـر آمریـکالی سیزیـن یـوز قاتینیـز معـاش آلیـر، او بیـر نفـر یابانجی‌نیـن ده‌یـری سیزیـن یـوز نفریـزدن آرتیـق‌می؟»

• ۱۳۵۵ـ جی ایل

شنبه گونو سحر جاغی (۵۵/۱۲/۶)[1] شوْفر **حیدر** ایله بیرلیکده، ماشینلا فهله‌لره باش چکمک اوچون ایش یئرینه گئدیرم. هاوا چوخ سویوقدور. معاشیمی یئنی آلمیش اولدوغوما باخمایاراق اؤزومه بیر پالتو و پاپاق آلا بیلمه‌میشم. ماشینین ایچینده سویوق منی یامان اینجیدیر. آلتی ایل تراکتور شوفری اولدوغو اوچون بیر آز آغیر ائشیدن و سینوزیت خسته‌لیییندن دولاییی ائشیتمه قابلیتینی ایتیرن حیدر، کئچه پاپاغینی منه وئریب، اؤز باشینی و بوینونو شال ایله باغلاییر. ایلک چادیرا چاتیب اوردا بیر چای ایچیریک. قوجا فهله **مَحَمد** (Məhəmməd) اوجاقدان بیر یئر آلما چیخاردیب، پالتوسونون اته‌یی ایله تمیزله‌ییب منه وئریر. یئر آلما ایستی‌دیر و بو سویوق هاوادا یامان یاپیشیر!

ایکینجی چادیرا باش چکیریک. بو چادیردا **عباسقولو** آدلی بیر فهله قارین آغیریسیندان اینله‌یه‌رک قیورانیر. ماشیندان ائنیب حالینی سوروشورام. بئلین ساپینی قارنینا باسدیغی اوچون، باسقیدان دولاییی

---

۱. بوردا یازارین تاریخی یازارکن بیر خطایا یول وئردیی دوشونولمکده‌دیر. متنده وئریلن اؤنجه‌کی و سونراکی تاریخلر اینجه‌لندیینده ۵۵/۱۲/۶ یئرینه ۵۴/۱۲/۶ اولماسی گره‌کدیی محتمل گؤرونور.

قاسیغینداندان[1] قان گلیبدیر. دوکتورا یئتیشمک اوچون ده بیر وسیله‌سی یوخدور. او خسته‌نی دوکتورا چاتدیرماق اوچون بوتون فهله‌لره باش وورورام. یولدا عباسقولو دئییر: «سیز فهله‌لره یاخشیلیق ائدیرسیز، آمّا آرالاریندا سیزی مهندیسه پیسله‌ین ایکی‌ـاوچ نفر وار.» سونرالار بو ایکی‌ـاوچ نفر فهله‌نین مهندیسین جاسوسو اولدوقلاری و آیلیق بیر نئچه تومن آرتیق پول قارشیلیغیندا، بیتدن بیره‌یه قدر بو اوزاق چؤلده باش وئرن هر شئیی مهندیسه خبر وئردیکلری اورتایا چیخدی.
عباسقولونو او حالدا شرکتین اوْفیسینه (دفترینه) آپاردیم، آمّا مهندیس اورتالاردا یوخ ایدی. بللی دئییل هانسی بوجاقدا شراب ایچیب قومار اوینایير. دئییله‌نه گؤره آمریکالیلارین دا مهندیسین خانیمی ایله ایلیشکیسی وار.

ایندی باهاردیر. مهندیس منیم حاقّیمدا یئترلی قدر بیلگی توپلاییبدیر. او بیر ساواک[2] مأمورودور. جمعه گونو (۵۵/۳/۷) ماشینلا ائوه گئتمیشدیم. یولدا، آلچاق بیر آدام اولان **آتاخان شاهی**[3] منی گؤردو. او، اکینچیلیک و صنایع اداره‌سینده مهندیسین چاپچیسی اولاراق چالیشیر. گئدیب مهندیسه خبر وئریر و یداللّهین اوغلو **کلام جوانشیری** ده شاهید گؤستریر. خلاصه بو ایکی نفر بو اوفیسده (دفترده) مهندیسه ائوه ماشینلا گئتدیییمی دئییرلر. مهندیس محاسبه‌یه یازیر کی، آیدا ۱۱۰۰ تومن اولان معاشیمدان ۴۵۰ تومن چیخسینلار. شرکت رئیسی‌نین اوتاغینا گئتدیم. کیمه دئدیم قبول اولمادی. سونوندا مهندیسین اؤزونه دئدیم.

---

۱. قاسیق، قارنین ایکی بود آراسیندا اولان آشاغی طرفی‌دیر.

۲. ساواک (سازمان اطلاعات و امنیت کشور)، ایراندا پهلوی دؤنه‌مینده فعالیت گؤسترن ایستیخبارات تشکیلاتی ایدی. ۱۹۵۷‌ـجی ایلده آمریکا ایستیخبارات تشکیلاتی‌نین (CIA) یاردیمی ایله قورولموشدور.

۳. فارسجا متنده شخصین آدی عطاخان شاهی اولاراق یازیلیب. آمّا اونو تانییانلار آدی‌نین آتاخان اولدوغونو سؤیله‌ییرلر.

» ۶۳/۳/۱۸، آغ امام مکتبی‌نین معلّیم‌لری ایله بیرلیکده سرداوا قهوه‌خاناسیندا

مهندیس یومروقلا منه سالدیردی. من ده اونا تپیک آتدیم.

شنبه گونو (۵۵/۶/۱) شرکتین اوفیسینده (دفترینده) اخراج کاغیذیمی گؤردوم. اونسوز دا باشیندان بری بو ایشه ماراغیم یوخ ایدی، چونکی بوردا اجتیماعی آچیدان فایدالی اولا بیلمیردیم. بونون اوزه‌رینه گئرمی میلّی معاریف اداره‌سینه (اداره آموزش و پرورش گرمی) باش ووردوم و ۵۵/۷/۳۰ تاریخینده ایشه آلیندیم. ایندی من بیر معلّیمم.

بیلدیریشیمی لیسئیه (دبیرستان) یازیبلار. گئرمی‌ده آیلیق ۷۰۰ تومنه بیر ائو کیرایه‌له‌دیم. معاشیما باخیب گؤردوم آیلیق ۱۱۳۰ توماندیر. سؤزلشمه‌لی (قراردادی) اولدوغوم اوچون علاوه ساعات ایشله‌مه‌یه ایذنیمیز ده یوخدور.

اداره‌یه گئدیب، اویغون اولان هر هانسی بیر کندده خیدمت ائتمه‌یه حاضیر اولدوغومو دئدیم. اوزاق و اوجقار کندلر بوشدور دئدیلر. یئنه ده حاضیرام دئدیم. بیلدیریشیمی ده‌ییشدیریب **فهله کندینه (غلامحسین کندی، سئیدلر)**[1] یازدیلار.

---

۱. فهله کندی (غلامحسین کندی، سئیّدلر): کندین آدی اورژینال متنده «فحله کندی» شکلینده یازیلمیشدیر.

۵۵/۸/۳، یاغیشلی بیر گونده آتاملا بیرلیکده آت بئلینده فهله کندینه گیردیک. کندین جغرافی مؤوقعیتی چوخ ماراقلیدیر. اوجا داغلار اؤز-اؤزونه بیتن مئشه آغاجلاری ایله اؤرتولوبدور. گیردهکان، نار، مؤوز و توت آغاجلاری گؤیلره یوکسهلیبدیر. دره-تپهلر قامیشلارلا دولودور. چشمهلرین سویو صفالیدیر. هر طرفدن گؤیرچینلرین، ککلیکلرین سسی ائشیدیلیر. بورانین طبیعتی چوخ صفالی و چکیجیدیر. اینسان داغلارا، ماغارالارا و آغاجلارا باخماقدان دویمور. فهله کندی داغین اتهیینده یئرلهشیر. کندین یوخاریسیندا داغدان چیخان بیر بولاق آخماقدادیر. مکتب ایسه کندین آشاغیسیندا قبریستانین قیراغیندادیر.
پالچیقدان تیکیلن مکتب بیناسی خارابالیقدان باشقا بیر شئی دئییل. نه قاپیسی وار نه پنجرهسی. یولوموزون اوستونده یئرلهشن مکتبین قاباغیندا آتدان ائنیریک. قوجا بیر کیشی قاچا-قاچا گلیب آتی توتور و اوجادان اوغلونو چاغیریر: «هئی! گل آتی توت.»
بو آدامین حرکتلریندن اونون چوخ سئومجن (محبتلی)، عاطیفهلی و ساده بیر اینسان اولدوغو آنلاشیلیر.
دئدیم: «عمی، بورا سیزین مکتبمی؟»
دئدی: «بلی.»
دئدیم: «من سیزین معلّیمیزم.»
دئدی: «معلّیم دئمه، گؤزوزون ایشیغییام دئ!»
بللیدیر، بیر معلّیم اوچون گؤزلری چوخ یول چکیب.
اشیالاریمی هله گتیرمهدیییم اوچون کند آداملاریندان منه قالماق اوچون بیر ائو گؤسترمهلرینی ایستهدیم. کنددن بیر آز مسافهلی اوچ اوتاقلی بیر ائو وار. گئتدیک. اوتاقلاری چوخ تمیزدیر. بولاغا دا یاخیندیر.
دئدیم: «چوخ گؤزل! اوشاقلار صاباح سحر مکتبین قاباغیندا اولسونلار.»
گئدیب مکتبین ایچریسینه باخدیق. گؤردوم ایکی اوتاقلیدیر. هر ایکیسینین ده ایچی کئچی و آت-ائششک ایله دولودور. دئدیم:

خوروزلو ماحالینین کندلریندن بیریدیر.

» ساغدان سولا: اصبر جوانشیر (آتا)، عنبر جوانشیر (قارداش)، آت اوستونده لیملی کندینده

«مکتبی یا اؤزوموز (بوتون اهالی) یا دا اداره واسیطه‌سی ایله تعمیر ائده‌جه‌ییک!»

خلاصه، ناهاری آتام ایله بیرلیکده اونلارا قوناق ایدیک. ناهاردان سونرا آتا مینیب اؤز ائویمیزه، لیملی‌یه گلدیک.

گئجه بویو ایشه نئجه باشلایاجاغیمی دوشوندوم. مکتبیم یوخدور و.... و.... . آمّا بونلارین هئچ بیر اؤنمي یوخدور. اؤنملی اولان اودور کی، من معلّیملیک ائتمک ایله دئییل، معلّیم اولماق ایله چوخ ماراقلانیرام.

ائرتەسی صاباح بیر نیسان ماشینی‌نین دالینا بیر آز یاشاییش ملزمەسی یوکله‌ییب خانیمیم[1] و قارداشیم **منوچهر** ایله فهله کندینه ساری یولا دوشدوک. کنده چاتاندا اوشاقلار، هرەسی‌نین الینده بیر قوتو شیرنی مکتبین اؤنونده گؤزله‌ییردیلر. من اوزاقدان شیرنی قوتولارینی دفتره بنزه‌دیب، بؤیوک بیر ایلگی ایله اللرینده دفتر-قلم علم اؤیرنیب جهالتدن قورتولماغا حاضیر اولدوقلارینا سئوینیردیم.
من ده معلّیم اولماق سئوداسی‌نین اودو ایله آلیشیب یانیردیم. کندلیلرین محروم و زحمتکش اؤولادلارینا محبت دولو بیر اورکله بییخیق-تؤکوک مکتبه گیردیم. نه اولورسا اولسون بو مکتبی اوشاقلارلا بئله اولموش اولسا تعمیر ائتمه‌یه قرار وئردیم.
آلتمیشدان آرتیق شیرنی قوتوسونا گلینجه، مندن قاباق بو کندین طایفا باشچیسی اولان معلّیم زحمتکش‌لره ظولم ائتمکله قالماییب، هامی‌نین اخلاقینی پوزاراق بوتون کندی یولدان چیخارتمیشدیر. او سونوج‌بلگەسی (کارنامه) وئردیی زامان تویوق، خوروز، پول، قوزو، قوچ و قوتو شیرنی توپلاییرمیش. بونلاردان هئچ بیرینی گتیرمه‌ینلرین ده بلگەلرینی یا وئرمیرمیش یا دا جیریب آتیرمیش.
مکتبین اؤنونده اوشاقلارا بیر ساعات دانیشدیم و اونلارا قارداشلاری اولدوغومو، بیر-بیریمیزه قارشیلیقلی سئوگی، ایلگی و احترام‌لا درس اوخویاجاغیمیزی آنلاتدیم و دئدیم: «قوتو شیرنینی، جوجەنی و هشترخانی ائوینیزه آپارین. منیم بونلارین هئچ بیرینه احتیاجیم یوخدور. بو جوجه گتیرمکلر معلّیمه حؤرمت ائتمک دئییل، آمّا سئوگی و قارداشلیغی تاپدالار. بو قدر قوتو و یا جوجه ایله من توکان‌می آچاجاغام؟ اوندا تئز گئدین بونلارین یئرینه دفتر-قلم گؤتورب گلین.»

---

۱. بو تاریخده محرّم جوانشیر آرتیق شهناز نوروزوند ایله ائولی‌دیر. گلن صحیفەلرده نئجه و نه زامان ائولندییی حاقّیندا روایت ائتمیشدیر.

فهله کندینده ساده‌جه بیر توکان وار. توکانچی **حسین‌علی خیرخواه** قاباقکی معلّیم ایله ال‌بیر اولوب، بیرلیکده کندلیلری تالاییرمیشلار. کندلیلر قوتولاری گئری قایتاراندان سونرا بو شخص مکتبین قاباغیندا ظاهیر اولوب، «بو اینسانلارلا بئله رفتار ائتسه‌ز، اونلار اینسان دئییللر، سیزه سایغی دویمازلار،» دئدی.

«من ژاندارمایامی‌ کی منه روشوت وئرسینلر، یا دا مندن قورخسونلار؟» دئدیم.

بیرسؤزله آچیق–آشکار «آکیشی، سن قویمورسان بیز قوتو ساتاق،» دئمه‌یه گتیردی.

او گوندن باشقا، اوشاقلارا بیر ورقی ۱۰ ریالا[۱]، بیر بیک[۲] قلمینی ده ۳۰ ریالا ساتدیغینی گؤردوم، دفتری ده عینی شکیلده!

پاییزین اوّلی (۵۵/۷/۱) اولدوغو اوچون اوشاقلارین هره‌سی بئش دنه توکنمز قلم (خودکار) آلیبلار. دئدیم: «اوشاقلار، تحصیل ملزمه‌لری بوردا چوخ باهالیدیر. بوندان سونرا هئچ کیمین بوردان دفتر، قلم، کاغیذ و سایره آلماغا حاقّی یوخدور.»

من حسین‌علی خیرخواه ایله دانیشیب، اونا اوجوز ساتماسینی، یوخسا بوتون ملزمه‌لری اؤزوم گتیریب اؤیرنجیلره داغیداجاغیمی سؤیله‌دیم و بئله ده اولدو. آمّا حسین‌علی ایله آرامیز یاخشی دئییلدی. مسجیدده منیم دالیمجا دانیشیردی و بهتان آتیردی. من ده کندلیلرین هر تک-تکینه، «بو حسین‌علی سیزه لازیم اولان جینسلری باهالی‌یا ساتیر. سیزین پوللاریزلا اؤزونه تراکتور، نیسان، سویودوجو و خالچا آلیب، اؤزو اوچون یاخشی ائو تیکیب‌دیر. اوندان هئچ نه آلمایین!» دئییردیم.

هامی دوز دئدیییمی و اوشاقلارین منه پولسوز پئندیر–چؤرک بئله

---

۱. ریال، ایرانین پول واحیدی‌دیر. پول یازیدا ریال اولاراق یازیلسا دا، اینسانلار گونلوک حیاتدا تومن ایفاده‌سینی قوللانیر.

۲. بیک، بیر قلم مارکاسی‌نین آدی‌دیر.

گتیرەلرینه راضی اولمادیغیمی باشا دوشدو. البته کی، بوتون کندلرده معلّیملرین چؤرەیینی اوشاقلار گتیریر، آمّا من ائله ایلک گوندن اؤزوملە بیر چووال اون، اوچ-دؤرد باتمان چؤرک گتیرمیشم. اوشاقلار کرەدن-یومورتادان نه گتیرسەلر قبول ائتمیرم و اونلاری پول ایله آلیرام. بونا گؤره ده حسین‌علی «خیرنخواه»ین[1] بازاری ضعیفلەییب رونقدن دوشدو و اونون تالان ووران الی کاسیب اینسانلارین حیاتیندان چکیلمیش اولدو.

اؤزوملە، دؤردونجو صینیفی گئرمی‌نین **خواجه نصیر** ابتیدایی مکتبینده اوخویان قارداشیم **منوچهری** ده اؤزوم درس دئمک اوچون گتیرمیشم. هله آبان آیی ایدی. بیر گون سحر منوچهر اؤزونو یوخویا ووردو. نه قدر «منوچهر قالخ، مکتب واختیدیر، سحر یئمەیینی یئ بیرلیکده مکتبه گئدک» دئسم ده، یوخوسو چوخ آغیردیر. «گئت ال-اوزونو یو، تئز اول!» دئدیم. بیر ده گؤردوم منوچهر لیملی‌یه گئدن یولدان آشیر. آردینجا گئدیب یولدا اونا چاتدیم. بیر-ایکی شیلله ووروب، قایتاریب ائوه گتیردیم. ایکی-اوچ گون سونرا قارداشیم **عنبر** آتلا یانیمیزا گلمیشدی. گؤردوم منوچهری ده ترکینه میندیریب اؤزو ایله آپارماق ایستەییر. دئدیم اولسون، قوی گئتسین! گئتدی. لیملی‌ده سپاه-دانشده اوخودو. آمّا بئشینجی صینیفی منیم صینیفیمده ایدی. هله بالاجا اولدوغو اوچون اؤز-اؤزومه دئییردیم، بؤیوینده اونا یاخشیلیق‌می یوخسا پیسلیک‌می ائتدییمی آنلایاجاق.

یای معلّیملر اوچون استیراحت فصلی‌دیر، آمّا منیم اوچون بئله دئییل. چونکی آغیر و یوروجو اکینچیلیک ایشلرینده آتا-آنانی و

1. یازیچی بوردا «خیرنخواه» (خئییرسئومز) سؤزونو «خیرخواه» (خئییرسئوەر) سؤزونون ضدّی اولاراق استیفاده ائدیر. باققال حسین‌علی، سوی آدی‌نین خیرخواه اولماسینا باخمایاراق کندلیلری آلدادیر و اونلارا هر شئیی باهالی‌یا ساتیر. اونا گؤره یازیچی اونون آدی ایله کلمه اویونو اوینایاراق «خیرنخواه» دئییر.

قارداشلاری تک قویماق اولماز. اونا گؤره ده اوخوماغا واختیم چوخ آزدیر. اؤته یاندان قارداشیم **علی** ده هر ایل تجدید گتیریر و شهریورچی‌دیر.[1] یایدا اونون درسلری ایله ده ایلگی‌لنمه‌لیییم. بلکه قبول اولار دئیه اونو چوخ دیقّتله کونترول ائدیرم. آمّا علی ده اوشاق کیمی داورانیر و دئییر بس نییه اونا بو قدر قایغی گؤستریرم و یا گؤزوم نییه بو قدر اونون اوستونده‌دیر. بونا گؤره ده هر یای منیمله سؤز-سؤزه گلیر. آمّا اؤنملی دئییل، او بیر گون اؤز سهوینی آنلایاجاق! قارداشلاریم ساوادلی و بیلیکلی اولسالار، جاهیل دوشمان دئییل، بیلیکلی دوست اولارلار. عوضینده من اولماسام دا، اونلار منیم اؤولادلاریما یا دا فرقی یوخدور بوتون اینسان توپلومونا یاردیم ائدرلر. ایندی منی پیس و ده‌یرسیز گؤرسه‌لر ده، جهالتدن قورتولاندان سونرا اینسانی ده‌یریمی آنلایاجاقلار. او زامان منیم اونلاری نه قدر سئودییمی بیله‌جکلر. حتی.... نه ایسه مؤوضوعدان کنارا چیخدیم.

خلاصه، فهله کندینده بیر تحصیل ایلی باشا چاتدی. آمّا اولومسوزلوقلار، برابرسیزلیکلر و توپلومون محرومیتی منیم ایلگی-علاقه‌می آزالتدی. اینسان محرومیتی درک ائدنده، خالقین اودو-توستوسو و آهی ایچینده بوغولوردو.

یای فصلینده باشیم لیملی‌ده‌کی اکینچیلیک ایشلرینه قاریشمیشدی کی، پاییز گلیب چاتدی. (طبیعی کی دوغولدوغوم یئر اولان بو لیملی منیم گئری قالماغیما سبب اولوبدور، اولماغا دا داوام ائده‌جکدیر.)

---

۱. تجدید گتیریب شهریورچی اولماق: نورمال تحصیل ایلینده بعضی درسلردن کئچرلی نؤمره آلا بیلمه‌ین اؤیرنجیلره یای فصلی‌نین شهریور آییندا یئندن سیناوا گیرمک اوچون بیر فرصت وئریلیردی. درسدن قالماغا «تجدید گتیرمک»، درسدن قالیب شهریورده تکرار سیناوا گیرنلره ده «شهریورچی» دئییلیردی.

• ۱۳۵۶ـ جی ایل

۵۶–۱۳۵۵ـجی تحصیـــل ایلینــه غلامحسیـــن کندینــده (فهلــه کنــدی) باشلاییـــرام. اهـــالی مکتـــب بیناسینـی تعمیـر ائدیــب پنجرهلـری ۱*۲ بؤیودوبلـر. اینــدی اوتـاقلارا یئترینجه ایشیـق دوشـور. آمّا اداره طرفینــدن تأمیـــن ائدیلمـــهسی گؤزلهنیلــن قاپی-پنجرهلـر ایلـه باغـلی بالاجـا بیـر آددیـــم بئلــه آتیلمایـیبدیـر.

آذر آیینـا قــدر بــو اوتاقلاریــن نــه قاپیـسی وار نــه پنجـرهسی. پنجرهلـره نایلــون توتمـاق مجبوریتنــده قالیریـق. آنجاق کولــکلی و فیرتینـالی گونلرده نایلـون سسـی بیزیــم دینلهییـب دانیشماﻣیزا فرصت وئرمیـر. ادارهیـه بیـر نئچـه دفعـه مکتـوب یازیـب پنجـره ایستهمیشـم، آمّا جـاواب وئرمهییبلـر. او مکتـوبلاردان بیرینـی بـوردا گتیریرم:

تاریخ: ۵۶/۸/۲۰

نمره: ۱۲۲

گئرمی شهری تحصیل ادارهسی‌نین حؤرمتلی مدیری،

ســایغیلارلا. غلامحسیـــن کنـــدی مکتـــبی زحمتکـــش و یوخسـول

اینسانلارین اؤز یاردیملاری ایله تعمیر ائدیلمیشدیر. آمّا هله ده قاپی–پنجره‌سی یوخدور. او اداره‌نین مسئوللاری دا بونونلا باغلی بیر تدبیر گؤرمه‌ییبلر. باخمایاراق کی بو مکتبین بیناسی ماغارادان باشقا بیر شئی دئییل و یولدان کئچنلری اوتاندیریر، آنجاق ماغارانین دا قاپی اولاراق بیر تیکه داشا احتیاجی واردیر. معصوم اوشاقلارلا بوندان آرتیق سویوقدان تیتره‌مه‌مک اوچون، بو قونودا تئز زاماندا تدبیر گؤرولمه‌سی بارده گؤستریش وئرمه‌نیز خواهیش اولونور.

فهله کندی ابتدایی مکتبی‌نین مدیری،
محرّم جوانشیر
۵۶/۸/۲۶

آمّا ائله‌بیل بو دره‌نین صاحیبی یوخدور و من آیاق‌یالین اوشاقلارلا قارین قاباغیندا مشغول اولمالی‌یام.

البته قونشو کندلر ده عینی وضعیت‌ده‌دیر. آمّا مسأله اوراسینداديرکی، بیز چؤرک پولو اوچون نئجه اولورسا اولسون ایشله‌مک مجبوریتینده ایکن، بیرچوخ معلّیم بو باسقی‌یا دؤزه بیلمه‌ییب، قیشدا مکتبی تعطیل ائدیب، معاشلارینی ائییتیم بلدچیسی (راهنمای تعلیماتی) ایله پایلاشاراق بیر یئرده و یا بیر شهرده استیراحت ائدیرلر.
هاوالار سویودوقجا بو اوشاقلارین طالعی‌نین یاخشیلاشماسیندا تاثیرلی اولماق اوچون داها دا چوخ چالیشیرام. سونوندا بیر گون اداره‌یه گئدیب وضعیتی آنلاتدیم. دئدیلر: «قاپی–پنجره‌لرین پولونو **محمدعلی رضائی** آدلی ائییتیم بلدچیسینه (راهنمای تعلیماتی) اؤده‌دیک. اوندان سوْراقلاشین.» آمّا بو آدام هله بیزیم کندیمیزه گلمه‌ییبدیر.
اؤیرنجیلردن بئش–آلتی نفر سویوقدان خسته‌لندی. قیزیلجا دا

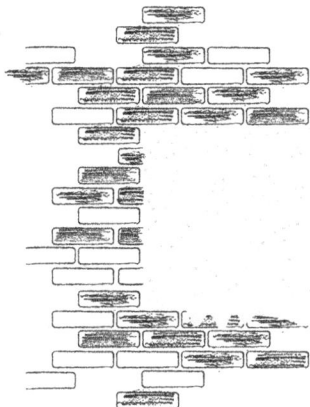
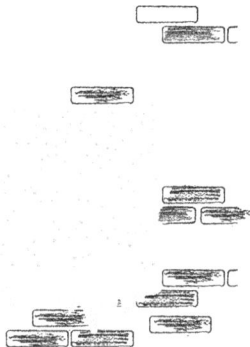

بیرینجی صینیفی تعطیل ائتدیردی. اونلارا باش چکمه‌یه گئدنده گؤروردوم کی، ساغالماسی یا دا اؤلمه‌سی اوچون یازیق اوشاغین باشی اوسته بیر کاسا سودا ایکی دەنه یومورتا قویوبلار.[1] چونکی آغیر قار هر یئری بوروبدور.

یومورتا مسأله‌سینی **یولداشعلی** آدلی بیر قوجا کیشی‌یه سوروشدوم. دئدی: «خسته‌نین یانینا بدنظر بیریسی گلسه، او یومورتا چاتلار و خسته اوشاغا نظر دەیمز.»

دئدیم: «بو اوشاق خسته‌دیر. بؤیوک بیر ایش گؤرمور کی گؤز دەیه یا...»

بو سیرادا دوکتورون گلیب خسته اوشاقلارا ایینه ووردوغو خبری گلدی. بیر نئچه دقیقه سونرا دوکتورون اؤزو ده گلیب چاتدی. دوکتور دا نه دوکتور! حتی اؤز آدینی بئله یازا بیلمیر. سادەجه بیر نئچه پنی‌سیلین و آمونیسلین ایینه‌سینی گؤتوروب چانتایا قویوب، آتینی مینیب اوجقار کندلره ساری یولا دوشوبدور. بیر نئچه گون قاباق بیر اوشاغین بوغازی آغرییردی. اونا بیر پنی‌سیلین ووردو. ایینه‌نین یئری ائله شیشدی کی، یازیق اوشاق یئرییه بیلمیر.

دئدیم: «عمی، چول-پالازینی توپلا. اوشاغی دا راحات بوراخ. سیزین بو اینسانلارا ساوادسیز دوکتور اولمانیز لازیم دئییل. آرتیق بو کندده کیمسه‌یه ایینه وورماغا حاقّیز یوخدور.»

ائله او آن گئتدی و بیر داها گلمه‌دی.

بیر گون ائییتیم بلدچیسی ایچری گیردی و بئله دئدی: «قاپی-پنجره آلمادیغیم اوچون عذر ایسته‌ییرم. دوغروسون ایسته‌سز، پولو قوماردا اودوزموشام آمّا سؤز وئریرم کی، آی باشیندا کسینلیکله تاپیب

1. موغانین بعضی بؤلگه‌لرینده، خصوصی ایله ده شاهسئونلر آراسیندا یومورتا برکتی، ساغلیغی و موتلولوغو سیمگه‌له‌ییر. ائلجه ده یومورتا قیرماق بدنظری قووماق آنلامیندا دوشونولور. داها آرتیق بیلگی اوچون باخینیز:
Zhaleh Javanshir Ghojehbiglou, “The Rites of Passage in Shahsevan Nomads of Moghan Plain” (MA thesis, Yeditepe University, 2024), 93, 153.

قایتاراجاغـــام.»

بو دفعه سؤزونو توتدو.

بـونلار غلامحسیـن کندینـده‌کی (فهلـه کنـدی) ایکی ایـل خیدمتیمیـن اؤزه‌تی (خلاصـه‌سی) ایـدی. ۵۶–۵۵–جی تحصیـل ایلی‌نیـن سـونوندا خوروزلـو ماحالی‌نیـن کندلریـنی بیله‌سووارا تابـع ائدیرلـر. مـن ده گئـرمی‌ده ایشـه آلیندیغیـم اوچـون باشـقا بیـر کنـد آختارماغـا باشلامالی‌یـام، چونـکی گئـرمی‌ده قالاجـاق بیـر ائویـم یوخـدور.

کنـد اوشـاغی اولمـاق الـسیز–آیاقسیـز اولمـاق، یئرسیز–یوردسـوز اولمـاق دئمکدیـر.

• ۱۳۵۷ـ جی ایل

۵۷-۵۶-جی تحصیل ایلینده ایکی آیری معلّیم ایله بیرلیکده دمیرچی خاراباسی کندینده ایشله‌ییرم. من دؤردونجو و بئشینجی صینیفده تدریس ائدیرم. بئشینجی صینیفده ۱۲، دؤردونجو صینیفده ایسه ۹ اؤیرنجی وار. بئشینجی صینیفده‌کیلرین چوخو رعیت اوشاغی‌دیر. بو ایل انقلاب باشلادیغی اوچون معلّیم‌لرین قول-قانادی بیر آز آچیلمیشدی. اونا گؤره ده اؤیرنجیلره تورک دیلینده کیتابلار وئریردیم و اونلارا دانیشیردیم. آمّا اؤزو بیر بگ‌زاده اولان و مکتبی ده اداره ائدن **محمود سرداری**، منیم بو ایشلریمدن راضی دئییل. حال بو ایکن، تدریس و اداره ائتمه ایشیندن او قدر ده باشی چیخمادیغی اوچون بو باره‌ده منیم فیکیرلریمه محتاجدیر. اونا گؤره ده سؤزونو آچیق-آچیق دئیه بیلمیر.

کند معلّیم‌لری‌نین بیر باشقا ان بؤیوک چتینلیی ائو یوخلوغودور. دمیرچی خاراباسی کندینده منه بیر آی ائو تاپیلمادی. هر گون سحر ساعات ۷-ده ائودن (لیملی‌دن) پیادا یولا دوشوب، بیر ساعات یول گئدندن سونرا ساعات ۸-ده مکتبه یئتیشیردیم، تا کی کندلیلردن بیری

کؤچه‌نه قدر. آمّا اوندان قالان اوتاق یاخشی دئییلدی. بیرینجیسی، اوتاق تپه‌نین اوستونده یئرله‌شیردی و بؤیوک پنجره‌سی دومانا ساری آچیلیردی. من چاره‌سیز، بیر پتو[1] و بیر دست یورغان-دؤشک ایله همین اوتاقدا یاشامالی اولدوم. آمّا قیشین سویوق گونلرینده ائویم چوخ سویوق اولدوغوندان ناهاردان سونرا ساعات ۴-ده یولا دوشوب، قارلی-بورانلی هاوادا لیملی‌یه چاتیب، گئجه‌نی اؤز ائویمیزده استیراحت ائدیردیم.
سحر ساعات ۷-ده تکرار یولا دوشوردوم. قارلا اؤرتولو یوللاردا بیر من اولوردوم بیر ده بیر نئچه ده‌نه تولکو. بو پروقرام تحصیل ایلی‌نین سونونا قدر داوام ائتدی، تا کی بیر گون ساعات ۴-ده لیملی-دمیرچی خارابالسی یولوندا اوچ قورد منه سالدیردی. آمّا هر گون یولومو گؤزله‌ین آتام داها اؤنجه قوردلاری گؤروب، آت اوستونده و **میصیر سرمدی**نین تراکتورو ایله گلن لیملی ساکینلری‌نین ایش‌بیرلیی ایله منی قورتارماغا گلدی. قوردلار آیاقلاری ایله منه ساری قار سپیردیلر. من اونلارا بیر نئچه داش آتدیم. بئله‌لیکله تراکتور گلیب چاتدی و قوردلار قاچیب گئتدیلر. پاییزین باشا-باشینی و قیشین بیر آیینی قارداشیم منوچهر و یا علی، وحشی حیوانلاردان قایناقلانان بیر تهلوکه اولدوغوندا منه یاردیم ائتمک اوچون هر بیری بیر گون منیمله گلیردی. بیر گئجه منوچهر ایله منیم ائویمده یاتدیق، آمّا نه یاتماسی! سحره قدر سویوقدان یورغانین آلتیندا یارالی بیر ایلان کیمی قیوراندیق.

---

۱. پتو سؤزو گونئی آذربایجانین بعضی بؤلگه‌لرینده «پتی» (pəti) شکلینده ده استیفاده اولونور.

یئر آلما ایله یومورتانی سودا بیشیرمک آسان اولدوغوندان، چوخ واخت منیم ناهاریم بونلار ایدی.

بو گونلرده باشیما گلن کدرلی خاطیره‌لردن بیری ده قارداشیمین حیات یولداشی **حلیمه**نین[1] وفاتی ایدی. یازیق دوغروداندا حلیم بیر اینسان ایدی و محرومیت اودو اونو بیزدن آلدی. لیملی کندی‌نین جغرافی مؤوقعیتی ائله‌دیر کی، قیشدا و یا یاغیشلی مؤسومده آنجاق آت-ائششکله سیاحت ائتمک مومکون اولور. بو یازیق گنج قادین دوغاندا هر یئر قار آلتیندا ایدی. بیر یاندان دا اونون دا باشقا قادینلار کیمی دوغاجاغینی دوشونه‌رک دوغوم ائوینه آپارا بیلمه‌دیک. بو ایتکی بیزیم عایله‌یه هم روحی هم ده اقتیصادی آچیدان بؤیوک بیر ضربه ایدی. طبیعی کی، بئله حادیثه‌لر ایراندا و بوتون گئری قالمیش اؤلکه‌لرده کند عایله‌لری‌نین و ایشچیلرین بیرچوخونون باشینا گلیر.

---

۱. حلیمه مردانه، شاهسئونلرین مستال‌بگلی (**مستعلی بیگلو**) طایفاسیندان‌دیر. ۱۳۳۹-جو ایلده مستال‌بگلی کندینده دونیایا گلمیشدیر. او ۱۳۵۷-جی ایلده، ۱۸ یاشیندا ایکن قیزی لاله جوانشیری دونیایا گتیردیکدن سونرا لیملی کندینده دونیاسینی دەییشمیشدیر.

بیر گون **بگلربگ سرداری**‌نین ائوینده قوناق ایدیک، شاهین سئچدییی حکومت[1] اولان **شاپور بختیار**ین[2] قاچدیغی خبری تهران رادیوسونون ساعات ۱۳ خبرلریندن یاییملاندی. بونلارین اوزولدویونو گؤروردوم. خلاصه، مکتبی بیر نئچه گونلویونه تعطیل ائتدیک، تا کی انقلاب ۲۲ بهمن گونو (۵۷/۱۱/۲۲) غلبه چالدی. همین گون دمیرچی خاراباسی بگلری سیلاح ایله ضعیف میلّته سالدیردیلار. مکتبین معلّیمی **شاهوئردی**‌نین حامیله خانیمی چوخ قورخموشدو. من اونلاری گئرمی‌یه قدر آپاردیم، اوردان هشتپره[3] گئتدیلر.

---

۱. متنده فارس دیلینده رایج اولان دؤولت سؤزو حکومت اولاراق ترجومه ائدیلمیشدیر. چونکی حکومت اداره ائدیجی اورقاندیر و دؤولتی اداره ائدر، آمّا دؤولت بللی سرحدلر ایچینده یارادیلمیش سیاسی اینستیتوتلار سیستمی‌دیر. دؤولت داواملی‌دیر، آمّا حکومت کئچیجی‌دیر و دەییشیر. مثلا ایران دؤولتچیلییی پهلوی حکومتی دؤنمینده ده وار ایدی، ایسلام جمهوریتی حکومتی دؤنمینده ده وار. هر ایکیسینده دؤولت ایدئیاسی و دؤولتچیلیک یئرینده‌دیر آمّا حکومت دەییشیب. دؤولتین و حکومتین سؤزلوک آنلامی اوچون باخینیز:
Ağamusa Axundov və Əliheydər Orucov, “Dövlət- Hökumət,” *Azərbaycan Dilinin İzahlı Lüğəti,* (Bakı: Şərq-Qərb, 2006), 1 və 2: 689, 400.

دؤولت و حکومت سیستمی آراسینداکی فرقلری داها اینجه‌لیکلی اوخوماق اوچون باخینیز:
Veli Urhan, “Siyaset Felsefesi Bağlamında Devlet, Hükümet ve Bürokrasi”, *Flsf Felsefe ve Sosyal Bilimler Dergisi* (2016): 1-14.

۲. شاپور بختیار، ایراندا پهلوی رژیمی‌نین سون حکومت باشچیسی ایدی. او فرانسه‌نین سوربون اونیورسیته‌سینده حقوق اوزه‌ره تحصیل آلمیشدیر. ایکینجی دونیا ساواشیندا فرانسه اوردوسو ترکیبینده ساواشا قاتیلدیغی بیلینیر. ایرانا قاییداندان سونرا، محمد مصدقین قیسا عؤمورلو حکومتینده (۱۹۵۱–۵۳) ایش و چالیشما ناظیر یاردیمچیسی اولاراق خدمت ائتدی و مصدقین باشلاتدیغی **میلّی جبهه** آدلی مجادیله‌سینده اؤنده گلن بیر لیدئر حالینا گلدی. ۱۹۵۳–جو ایلده محمدرضا شاه بیر کودتا ایله یئنیدن ایقتیدارا گتیریلینجه، بختیار محمدرضا شاها اولان تنقیدی توتومونو داوام ائتدیردی و سیاسی فعالیتلری سببی ایله حبس ائدیلدی. عینی زاماندا اون ایل مدتینجه ایراندان آیریلماسی دا یاساقلاندی. ۱۹۷۹–جو ایلین ژانویه آییندا بختیار باش‌وزیر (نخست وزیر) تعیین ائدیلدی. عینی ایلین فوریه آییندا، ایسلام انقلابی‌نین اوغور قازانماسی ایله ایکی آیدان آز بیر مدتده دئوریلدی. داها سونرا بختیار فرانسه‌یه قاچدی و پاریسه یاخین بیر یئرده یاشادی. او بوردا ایسلام جمهوریتینه قارشی **ایران میلّی مقاویمت حرکتینی** قوردو و اونا رهبرلیک ائتدی. ۱۹۹۱–جی ایلین آگوست آیی‌نین ۷–سینده اؤز ائوینده اؤلدورولدو. باخینیز:
Noah Tesch, “**Shahpur Bakhtiar**,” *Encyclopædia Britannica*, available online at https://t.ly/uXzb6_(accessed online on 16 July 2023).

۳. هشتپر، ایرانین قوزئی‌ینده گیلان ایالتی‌نین اَن بؤیوک شهری‌دیر. شهرین ایسلام انقلابیندان سونراکی رسمی و ایداری آدی تالیش‌دیر آمّا خالق آراسیندا هشتپر اولاراق سؤیله‌نیر.

۵۷/۱۲/۱۰ سحر ایلک درسیمیز فارسجادیر. بئشینجی صینیفه انقلابدان و اونون نتیجه‌لری‌نین نئجه‌لیینیندن دانیشدیم.

ایکینجی درسیمیز ریاضیات‌دیر. دئدیم: «اوشاقلار، بو ریاضیاتین بیر آزی بیزیم توپلومون دردینه ده‌یمز.»

بو سیرادا، **هدایت گنجی** آدلی اؤیرنجی بایلدی. اونو صینیفدن دیشاری چیخاردیب اوزونه سو ووردوق. او خسته دئییلدی. هئچ بیر خسته‌لیک کئچمیشی ده یوخ ایدی. اؤزوندن و دوستلاریندان سورغو-سوال ائتدیکدن سونرا گئجه یئمه‌یه چؤرک و یئمکلری‌نین اولمادیغی اورتایا چیخدی. آخشام یئمه‌یی یئمه‌ییب، سحر ده آج قارینا کیتابلارینی قولتوغونا ووروب مکتبده «تغذیه»[1] دئیه هر اوشاغا وئریلن بیر عدد کلوچه[2] اومودو ایله مکتبه گلمیشدی. جناب محمود سرداری مکتبین مدیری و تغذیه مسئولودور. او تغذیه‌نی آخشام ساعات ۴-ده اوشاقلار ائولرینه گئدنده وئریر. بونو آشاغیداکی بو ایکی سببه گؤره ائدیر:

۱- اوشاقلار تغذیه‌لرینی ائوه آپارسینلار کی، آتا-آنالاری یئمکلرین تؤک-داغیت اولمادیغینی گؤرسونلر.

۲- بعضی اؤیرنجیلر گون‌اورتادان سونرا قویون اوتارماغا گئتدیکلری اوچون کندده اولمورلار. نتیجه‌ده اونلارین تغذیه‌لری مکتبده قالیر.

من ائله ایلین باشیندا بو ایشین دوزگون اولمادیغینی دئدیم، چونکی اوشاقلاردان بعضیسی یا تغذیه وئریلدییی اوچون قهوه‌آلتی (صوبحانه) یئمه‌دن مکتبه گلیر، یا دا یئیه‌جک بیر شیئلری یوخدور. آمّا او قبول ائتمه‌دی. خلاصه، هدایته ایکی دنه کلوچه وئردیک یئدی و حالی اؤزونه گلدی.

بیر گون ایدمان (ورزش) ساعاتی ایدی و سادجه بئشینجی صینیف

---

۱. تغذیه، بیر زامانلار مکتبده قیدالانما و یا بسلنمه پروقرامی چرچیوه‌سینده اوشاقلارا پایلانان یئیه‌جک و ایچه‌جکلره وئریلن آددیر.

۲. کلوچه، اهری کوکه‌سینه بنزر بیر یئیه‌جکدیر. ایچلی‌دیر و اوندا قوز و بادام اولا بیلیر. آذربایجان جمهوریتینده آدینا پئچه‌نئی (peçenye) دئدیکلری شیرنیات عایله‌سینه یاخین بیر یئیه‌جکدیر.

اؤیرنجیلری ایدماندا ایدیلر. باشقا ایکی معلّیم ده صینیفلرینی تعطیل ائدیب توپ اویناماغا قوشولدولار. کنددن جوانلار گلدیلر. هره‌دن ۵۰ تومن توپلاییب، هر میدان ۳۰۰ تومن والیبال یاریشماسی دوزنله‌مه‌یه قرار وئردیلر. من ایدمانی تعطیل ائدیب اؤیرنجیلرله صینیفه دؤندوم و اونلارا دئدیم: «دوستلار بو ایدمان دئییل قومار اویناماقدیر.»

سونوندا کندلیلردن ایکی نفرین، یامانلاشدیقدان[1] سونرا بیر–بیری‌نین باشینی یاردیقلارینی گؤردوک.

بئشینجی صینیفده اون اوچ اؤیرنجیم وار ایدی. اونلارا سادجه دوزگون دوشونمه‌یی اؤیرتمه‌دیم، عینی زاماندا آرالاریندان اون بیر نفری صینیفی کئچدی (قبول اولدو).

---

۱. یامانلاشماق، قارشیلیقلی شکلیده بیر–بیرینه سؤیوش وئرمک دئمکدیر.

• ۱۳۵۸ـ جی ایل

۵۸-۵۷-جی تحصیل ایلی: یوسیف آباد کندی (سوموکلو)[1]

جغرافی قونومو (مؤوقعیتی): بو کند آلچاق بیر اراضیده یئرله‌شیب. تورپاغی شورانلیق‌دیر. بولاق اوچ کیلومتر اوزاقلیقدادیر. سویو حیوانلارلا داشییرلار. بولاقدان کندین ایچینه قدر آخان آرخ چیرکلنمه‌یه سبب اولور، چونکی اهالی آرخ سویونو یئمک بیشیرمک، خمیر ائتمک و یویوب-آریتما اوچون استفاده ائدیرلر. بو سو چوخورلارا توپلاناراق چوخ واخت اوشاقلارین باش-گؤزونون یارا-خورالی اولماسینا سبب اولور.

موغان دوزونده‌کی بوتون کندلرده اولدوغو کیمی، بوردا دا ائولر پالچیقدان تیکیلیب و چوخ تهلوکه‌لی‌دیر. منیم اون بئش ایل قاباق آلتینجی صینیفی اوردا اوخودوغوم ایکی اوتاقلی مکتب کندین ایچینده‌دیر. یاغیشلی گونلرده دیوارلارین و دامین اوچما احتیمالی

---

۱. سوموکلو کندی، موغان دوزونده بیر کنددیر. آشاغی سوموکلو و یوخاری سوموکلو آدلی بیر-بیرینه قونشو ایکی کند عینی آدی پایلاشماقدادیر. بوردا یازارین وورغولادیغی، یوسیف‌آباد اولاراق دا بیلینن یوخاری سوموکلو کندی‌دیر.

قورخـو یارادیـر. پاییزیـن و باهاریـن ایلـک گونلرینـده قورباغـا ساییسی اؤیرنـجی سـاییسیندان چـوخ اولـور. بعضاً تاوانـدان اؤیرنجیلریـن کیتابلاری‌نیـن اوسـتونه ایریلی-خیـردالی سیچـانلار دوشـور. سیچانلاریـن سئویشـمه‌سی نتیجه‌سینـده تاوانـدان منیـم و اؤیرنجیلریـن باش-گؤزونـه تـوز و سـامان سـپه‌له‌نیر. انقلابـدان اؤنجـه بـو مکتـب ایللرلـه سپاه-دانش‌لـر طرفینـدن اداره اولونورمـوش. سپاهیلر ایسـه بـوردا اؤزلرینـه هئچ بیـر رفـاه گؤرمه‌دیکلرینـدن، واختلاریـنی گئنل‌لیکلـه (عمومـاً) شـهرلرده کئچیریرمیشـلر.

اهالی‌نیـن خصوصیّتلـری: اینسـانلار بیر-بیرینـه قـارشی مهربـان و صمیمی‌دیرلـر. هئـچ واخـت بیر-بیرلریـنی اینجیتمـک ایسـته‌میرلر. قونشـولاری‌نین مال-دؤولتیـنی قیسـقانمیرلار.

کولتـور: چـوخ سـاده بیچیمـده قوتلانـان شـنلیک‌لره اینسـانلارین هامیـسی قاتیلیـر. قومـار و بنـزری شـئیلردن خبـر یوخـدور، آمّـا بیلگی‌سیزلیـک و سـاوادسیزلیق بـاش آلیـب گئدیـر. اینسـانلار علمیـن، کیتابیـن و مکتبیـن قدریـنی بیلمیـر و بـو ایشـلره چـوخ آز فیکیـر وئریرلـر. اودور کی، اوشـاقلار بوتـون چابـالارا و سـرتلیک‌لره باخمایـاراق، چـوخ واخـت درسـدن قاچیـرلار یـا دا همیشـه درسـه گئجیکیرلـر. حیـوانلارلا بولاقـدان سـو داشیماق اوشـاقلارین چـوخ واختیـنی آلدیـغی کیـمی، قویـون اوتارمـاق دا چـوخ واخـت آپاریـر. بـو عامیل‌لـر یوروجـو ایشـلر ایلـه بیرلیکـده اؤیرنجیلریـن علـمی ایره‌لیله‌مه‌سی‌نیـن اؤنونـده اَن بؤیـوک مانع‌دیـر.

۱۳۴۰-جی ایلـدن بـری ایگیـرمی ایـکی ایلدیـر بـو کنـدده مکتـب فعالیت گؤسـتریر، آمّـا اؤرنـک اوچـون ابتیـدایی مکتبـدن یوخـاری تحصیـل درجه‌سینـه صاحیـب بیرجـه نفـر بئلـه یوخـدور. بونـون اؤزو آتا-آنالاریـن نظرینـده علمیـن اهمیّتی‌نیـن آزلیغینی گؤسـتریر. بیـر یانـدان دا کندلیلریـن چوخـو، آنلیـق (لحظـه‌ای) قازانـج الـده ائتمه‌یـه فیکیـر وئریرلـر؛ مـثلا قویـون آلیـب-سـاتماق، محصـول اکیـب-بیچمـک و سـایره کیـمی. حالبـوکی بیزیـم مملکتـده علـم اؤیرنمـک هـم باهـا باشـا گلیـر، هـم ده عایله‌لریـن

اقتیصادینا گئج یاردیم ائدیر. بونلار کند اوشاقلارینی تحصیلدن قویان عامیل‌لردیر. آیریجا، کند عایله‌لری‌نین بیر چوخونون بیلیک الده ائتمه‌نین باهالی خرجلرینی اؤده‌مه‌یه گوجو چاتمیر.

بوتون معلّیم‌لرین و حتی کندلیلرین اؤزلری‌نین تمل چتینلییی اینسان یاشاماسینا اویغون و اینسانا لایق ائو تاپماق مسأله‌سی اولدوغوندان، من ده بو کندده عینی چتینلیکله قارشی–قارشی‌یایام. ایستر–ایسته‌مز، بیر عصیردن اوزون بیر زامان اؤنجه تیکیلمیش بیر پالچیق ائوه یئرله‌شیرم. بو ائوین صاحیبی بیر نئچه ایل قاباق کؤچوب و او گوندن بو گونه کیمسه بو اوتاغا گیرمه‌ییبدیر. اونا گؤره ده بؤر–بؤجک، هؤرومچک، قیزبوغان و سیچان اوردا یووا سالیب. اؤنجه بو وحشی حشره‌لرین ائوی ترک ائتمه‌سی اوچون اونلارلا مبارزه آپارماق لازیمدیر. بئله‌لیکله اوتاقلارا یئترلی قدر د.د.ت (D.D.T)[1] سپدیم، آمّا گَنه‌لرین[2] ساییسی چوخدور. بیر گئجه اوردا یاتدیغیمدا منی چوخ اینجیتدیلر. ائرته‌سی گون قونشولارلا دانیشدیم. **فرض‌الله بهروز**، آلتی عدد قورص[3] وئریب دئدی: «بونلاری اوتاغین ایچینده بیر قابدا یاندیر. قاپی–پنجره‌نی مؤحکم باغلا. هامیسی محو اولاجاقلار.» بلی، قونشولارین یاردیمی ایله ایل سونونا قدر گنه‌لرین نسلینی کسیب، بو باخیمدان راحاتلاشدیق.

---

۱. د.د.ت (D.D.T) و یا دیکلورو دیفنیل تریکلورو اتان، رنگسیز، قوخوسوز و سودا اَریمه‌ین بیر مادّه‌دیر. مختلیف نؤوع بؤجکلری اؤلدورمک اوچون قوللانیلیر. ۱۸۷۴–جی ایلده آلمانیادا اوره‌دیلدی (تولید اولدو)، اما گئرچک دیری ۱۹۳۹–جو ایلده اورتایا چیخدی. ایکینجی دونیا ساواشی سیراسیندا ایتالیا و قوزئی آفریقادا تیفوس خسته‌لییی‌نین یاییلماسینا مانع اولماقلا بیرلیکده، میغ–میغانین چوخ اولدوغو یئرلرده مالاریا خسته‌لییی‌نین قارشیسینی آلدی. داها دئتاللی بیلگی اوچون دهخدا سؤزلویونه باخینیز.

۲. گَنه، خیردا جایناقلاری اولان بیر پارازیت‌دیر. بو جایناقلار واسیطه‌سی ایله حیوانلارین، بعضاً ده اینسانلارین بدنینه یاپیشیب اونلارین قانینی سورور. داها دئتاللی بیگی اوچون آذربایجان دیلی‌نین ایضاحلی سؤزلویونه باخینیز:
Ağamusa Axundov və Əliheydər Orucov, “Gənə,” *Azərbaycan Dilinin İzahlı Lüğəti,* (Bakı: Şərq-Qərb, 2006), v.2: 235.

۳. قورص، بؤجکلری اؤلدورن مادّه‌نین قورص شکلینده اولماسینا ایشاره‌دیر.

ایکی رقمی توپلاماغی بئله بیلمه‌یین دوققوز نفر بئشینجی صینیف اؤیرنجیم وار. بو او دئمکدیر کی داها چوخ چالیشمالی‌یام. او شاقلارا، بئشینجی صینیفده‌کیلر جمعه گونو ده گون‌اورتایا قدر مکتبده حاضیر اولسونلار دئدیم. چونکی بئش صینیفده قیرخ سککیز اؤیرنجیم وار و یالنیزام. هر صینیفده اداره‌نین گؤندردییی پروقراما اساساً گونده بئش ساعات درس دئسم، (۲۵=۵x۵) ۲۵ ساعات ایشله‌مه‌لییم. آیریجا، کند ابتیدایی مکتبلرینده ایکی نؤوبتلی درس وئریلمه‌سینی یاساقلایان بیر گئنلگه (بخشنامه) ده گؤندریبلر.
کندلیلرین تحصیلده گئری قالمیش‌لیغی و ساوادسیزلیغی‌نین اؤنملی عامیل‌لریندن بیری ده بیزیم اؤلکه‌ده سئیرک نفوسلو کندلرین سپه‌لنمیش اولماسیدیر. بو کندلرده چوخ واخت بئش صینیفین هامیسی، هم مکتبی اداره ائدن هم ده اوفیس (دفتر) ایشلرینی گؤرمک مجبوریتینده اولان و عینی زاماندا بیر خیدمتچی کیمی مکتبین تمیزلیینه ده یئتیشمه‌سی گره‌کن بیر معلّیم طرفیندن اداره اولونور. اینندی بعضیلری باسقیدان و چوخ ایشدن قاچاراق نادیراً تدریس ایشی ایله مشغول اولورلار. ایل سونوندا دا ایمتاحان آلمادان ساختا سوْنوج‌بلگه‌سی (کارنامه) وئریرلر. او سوْنوج‌بلگه‌لری هئچ بیر شکیلده اؤیرنجی‌نین بیلگیسینی و معلوماتی حدودلارینی ایفاده ائتمیر.
میلّی معاریف اداره‌سی طرفیندن کند و حتی شهر مکتبلرینه نظارت چوخ آزدیر و قایغی گؤستریلمیر. **نظرالله عباس‌زاده** آدلی بیر ائیتیم بلدچیمیز (راهنمای تعلیماتی) وار. آمّا او ایکی «ائیتیم» و «بلدچی» سؤزونه یازیق اولموش! چونکو هئچ بیریندن هئچ نه بیلیمر. سادەجه، «فیلان گون فیلان ساعاتدا فیلان مکتبه گئدیلدی. مکتب مدیری خیدمت یئرینده تدریسه مشغول ایدی. تمیزلیک دورومو یاخشی ایدی. اؤیرنجیلردن درس سوروشولدو و هامیسی دوز جاواب وئردیلر،» دئیه یازیلمیش بیر فورمو ازبرله‌ییبدیر. گؤروندویو کیمی، جناب ائیتیم بلدچیسی‌نین تلقراف سایاغی یازیلمیش بو زیارت یازیسیندا ائیتیمدن

» محرمین قارداشی عنبرجوانشیر،
لیملی کندی، ائولرینین حیطی

و بلدچیلیکدن اثر–علامت یوخدور. همین بو ائییتیم بلدچیسی جنابلاری اؤزو اوچون بیر مرکز ده عیارلاییبدیر. قونشو کندلر زیارت دفترلرینی گؤتوروب او کنده (یوخاری سوموکلو کندینه) آپارمالیدیر و او مکتبده دیگر بوتون مکتبلر اوچون زیارت نوْتو یازیلمالیدیر. دئمه‌لییم کی، نه بو معلّیم جنابلاری انقلابین بلدچیسیدیر، نه ده او مکتبلرینی تعطیل ائدیب زیارت دفترلرینی قولتوقلارینا ووروب او کنده توپلانانلار. بونلار هله ده طاغوتون[1] داوامچیلاری دیرلار و بیزیم ایسلام انقلابی اوچون ساوادلی گلجک معمارلاری و بیلینجلی بیر توپلوم یئتیشدیریلمه‌سینی ایسته‌میرلر. قانلی انقلابدان ایکی ایل کئچمه‌سینه باخمایاراق بو جنابلار هله ده طاغوت کولتورونو قورویوب ساخلاییرلار.

بیر گون جناب ائییتیم بلدچیسی کندلیلردن بیری ایله خبر گؤندردی کی، کندین معلّیمینه دئیین زیارت دفترینی گؤتوروب یوخاری سوموکلو کندینه تشریف گتیرسین. شنبه گونودور و من بئشینجی صینیفدن پاییزین ایلک آییندا اوخودوقلاریمیزلا باغلی یازیلی ایمتاحان آلیرام (۵۸/۷/۲۹). دئدیم: «یوخ، گره‌ک یوخدور.»
همین گون ناهاردان سونرا جناب بلدچی تاپلیب گلدی. مکتبین وضعیتی ایله باغلی داها اؤنجه ده دانیشدیم؛ دامدان–دیواردان و اوتاقلارین دؤشه‌مه‌لریندن توز–تورپاق و سامان یاغیردی. جناب بلدچی سلام علیکدن سونرا دفتری ایسته‌دی و بیر نئچه کلمه بو شکیلده یازدی: «... گونو ساعات... یوسف‌آباد مکتبینه باش چکیلدی. جناب جوانشیر یئرینده حاضیر ایدی. تمیزلیک دورومو یاخشی دئییلدی.»
دئدیم: «دفتری او کنده گتیرسه ایدیم، اوندا تمیزلیک دورومو یاخشی اولاردی. گؤرونن او کی، سیزین اوزاقدان گؤرمه قابلیتیز چوخ گوجلودور.»
جناب ائییتیم بلدچیسی اوزاق دوشدویو محفیل و ایلنجه‌لره گئتمه‌یه

---

۱. دهخدا سؤزلویونه اساساً، طاغوت سؤزو «بُت» و «آللاهدان باشقا هر هانسی بیر معبود» دئمکدیر. بو متنده طاغوتدان مقصد پهلوی حکومتی‌دیر.

تَله‌سیر. اونون اوچون ده اؤیرنجیلره درس سواللاری سوروشماغا، بونونلا دا بیزه ائیتیمسل (آموزشی) آچیدان یول گؤسترمه‌یه و بو محروم اوشاقلارین تحصیل دورومو حاقّیندا بیلگی آلماغا واختی یوخدور. آمّا بو تیپ شخصلر کند معلّیمینی روحدان سالمالیدیر. معلّیملیک مسلکینی سئچن اینسان، توپلومون ایصلاحینی و قالخینماسینی (توسعه‌سینی) دوشونمک قونوسوندا چابا صرف ائتمه‌لی و عزیملی اولمالیدیر. هم‌ده کند معلّیمی اؤز حیاتینی و ایشینی شهر معلّیملری ایله برابر توتمالیدیر. شهر معلّیملری رفاه ایچینده‌دیرلر، آمّا کند معلّیمی‌نین مین بیر گرفتارلیغی وار و مین بیر مصیبت ایله ال-به-یاخادیر.

جاهیل دوستلار و بعضی بیلینجسیز (نا آگاه) قوهوم-اقربالارین دئدی-قودولاری نتیجه‌سینده آز خرجی اولان بیریسی کیمی تانینسام دا، یئددی ایل ایشله‌دیکدن سونرا هله ده بیر قیران آرتیغیم یوخدور. یاشاماق اوچون لازیم اولان تمل احتیاجلارا صاحیبم. آلدیغیم اؤلمه-دیریل معاشین بیر آزینی اؤزوموز و عایله‌مین یئمه-ایچمه‌سینه خرجله‌ییرم، قالانی ایله ده قارداشلاریمین تحصیل مصرفلرینی قارشیلاییرام.

۵۸/۹/۱-جی ایلین پاییزینده انقلابین ثمره‌لری تاثیرینده کندلرده یاخشی مکتبلر تیکدیلر. آمّا بو دفعه ده یوسیف آباد کندی یاددان چیخیب گؤز آردی ائدیلمیشدی. من مجبور، ایکی هفته دال-با-دال اداره‌یه مراجعت ائتدیم. سون دفعه‌سینده اداره‌نین رئیسی دئدی: «کندین اؤزوندن کیمسه گلمه‌دیییینه گؤره، دئمک مکتب ایسته‌میرلر. گره‌ک یوخدور. اونلار علم ایله ماراقلانمیرلار، مکتبی قورویوب ساخلاماق اوچون ده بیر ایش گؤرمه‌یه‌جکلر.» دوغرو دئییردی، بونلار ایلگی‌سیزدیرلر. بیر یاندان دا حیاتین جایناغیندا گیریفتار اولوبلار؛ حیواندارلیق، اکینچیلیک، سوسوزلوق، اکیب-بیچه‌جک بیر زمی‌نین اولماماسی کیمی چتینلیکلر بعضیلرینی یاشاماقدان و حتی دیری

قالماقـدان سـویودوبدور. زنگیـن و اکیـن یئرلرینـه صاحیـب بیـر سیـرا عایله ده قاچاق‌مالچیلیـق یولـو ایلـه گتیریلـن سیقـار، قنـد و سـایره ایلـه اردبیلـده بؤیـوک مقـداردا ثـروت الـده ائـده بیلیبلـر. بـو دا تورپـاق صاحیبلری‌نیـن بؤیـوک بیـر ثـروت الـده ائتمکلـه بیرلیکـده اکینچیلیـک ایلـه ده مشـغول اولا بیلمـه اومـودو ایلـه کنـددن کؤچمه‌لرینـه سـبب اولـوب. ایـسلام جمهوریـتی حکومـتی ده بونـونلا باغـلی هـر هانـسی بیـر آددیـم آتماییبدیـر. تورپاغی اولمایـانلار دا، تورپـاق صاحیبلـری ده کنـددن کؤچـور و کندلـر بوشـالیر.
بیـر سـؤزله، مکتبیمیزیـن اولمادیغیـنی بیـر نئچـه دفعـه والی‌لیگـه (اسـتانداری‌یه) بیلدیردیـم. والی‌لیییـن امرینـه اساسـاً بـو کنـدده مکتـب تیکیلمه‌سینـه قـرار وئریلـدی.

بورادا بیر ورق، صحیفه ۵۰ و ۵۱ گونلوکدن قوپوب دوشوبدور.

• ۱۳۶۱و ۶۲ـ جی ایل

معلّیم علم اؤیرتمکدن ذؤوق آلمالی و موتلو اولمالیدیر. بوردا بئشینجی صینیفده اؤیرنجیم اولان اوشاقلارین بیریندن گلن مکتوبو اولدوغو کیمی گتیریرم:[1]

عزیز قارداشیم محرّم،
سنه قوربان اولوم قارداش، حالین نئجه‌دیر؟ اومود ائدیرم کی، لازیمی باشاریلارلا داغیلیب اوچ یئره بؤلونموش یاشاییش گونلری سونا چاتار. بیلمیرم نییه هر ایل دوز بو واختلار ائوی و عایله‌نی گؤرمک اوچون اوره‌ییم اَسیر. اؤزونوز عؤمور تاریخینیزده بئله گونلر یاشادیغینیز اوچون، بو گونلرده اینسان اوره‌یی‌نین نئجه گؤروش عشقی ایله دولدوغونو مندن داها یاخشی بیلیرسینیز. گونده مین دفعه نوروزون، وصال گونونون، گلمه‌سینی آرزولاییرام. قارداش،

1. بوردا دئدییی «بئشینجی صینیفده اؤیرنجیم اولان اوشاق» اصلینده اؤز قارداشی منوچهردیر. مکتوب اؤز قارداشیندان گلدییی اوچون دیلی داها خصوصی‌دیر و طبیعی اولاراق، مکتوب یازان شخص محرّمین عایله‌سی حاقّیندا اؤز عایله‌سی کیمی دانیشیر.

ریزنؤمره‌لری (ریزنمرات) گؤندرمه‌دیییمه گؤره اوزولمه‌یین. بلکه ده آلدیغیم نؤمره‌لر آشاغی اولدوغو اوچون اوتاندیغیمدان گؤندرمه‌میشم دئیه دوشونمه‌یین. کسینلیکله ائله دئییل! اوجا تانری‌نین یاردیمی ایله یاخشی درس اوخویورام. قارداش، آللاها آند اولسون درسلریمه باخمادان بیر آن بئله کئچیرنده، سیزی (محرّم و عنبر[1]) گؤزومون اؤنونده جانلاندیریب اؤزومو قارشینیزدا باشی آشاغی حیسّ ائدیرم. حتی، بیر گئجه یاریسی اؤز حاقّیمدا دوشونوردوم و اؤز-اؤزومه درس ایله باغلی ایشلرده ایره‌لیله‌مک اوچون بوش واختلاردا و درسدن کنار واختیمدا همیشه سیزی، زحمت و محرومیتلری خاطیرلاماغا قرار وئردیم. چونکی سیزی خاطیرلاماق منیم یورغونلوغومو چیخاردیر.

قارداش، یازمیشدین: «بو ایل ریزنؤمره‌لری گؤندرمه‌یه‌رک بیزی نیگران قویوبسان.» بو جمله دامارلاریمدا دولاشیر و منی درسلریمه داها چوخ دیقّت ائتمه‌یه هوسلندیریر. چونکی سیزین بو جمله‌نی یازماقلا منه و طالعیمه اولان سئوگی و ایلگینیزی ایفاده ائتدیینیزی بیلیرم. بیلمیرسینیز بو جمله منده درس اوخوماقلا باغلی نئجه بیر حیسّ و سیزه قارشی نئجه بیر محبت اویاندیردی. او قدر کی، آز قالیردیم آغلایام.

قارداش، سیز اصیل بیر اینسانسینیز. من اینسانی دئیرلر دوغرولتوسوندا ایره‌لیله‌دیکجه سیزین توتدوغونوز یولدا گئتمه‌یه چالیشاجاغام و بلکه ده لاپ ائله بوگوندن بو یولو توتماغا باشلامیشام. چونکی آز گزمک، کولتورسوز و اینسانلیقدان اوزاق قوهوم-اقربالارین ائوینه نادیراً گئتمک و نامازی واختیندا قیلماق سیزینله اورتاق پایلاشدیغیمیز آلیشقانلیقلاردیر. سیزین

---

۱. عنبر جوانشیر، محرّم جوانشیرین قارداشی‌دیر.

وئردییینیز نصیحتلری و تؤصیه‌لری چوخ واخت آتام دا وئرردی و ایندی سیز قارداشینیزین اخلاق و کامالینی ساغلام ساخلاماق اوچون اونلاری یازیرسینیز. تانری یاردیمچینیز اولسون.

شهناز، ملاحت و بابک نئجه‌دیرلر؟ مندن شهنازا سلام دئ.

عزیز شهنار، اومود ائدیرم کی ساغلاملیغینیز چوخ یاخشیدیر و بیرلیکده سئوگی-محبت دولو صفالی و دینج بیر حیات یاشاییرسینیز. شهناز، سیز ده منه چوخ زحمت چکیبسینیز. حتی بیر ایل غلامحسین کندینده منه بیر آنا کیمی و بلکه ده بیر آنادان دا آرتیق سئوگی گؤستریبسینیز، آمّا من سیزه نئجه تشکّور ائده‌جه‌ییمی بیلمیرم. عزیز باجیم، اوشاقلارا یاخشی باخین. گله‌جکده بابک حتی نفس چکمه‌سیندن ذؤوق آلدیغینیز باشقا بیر منوچهر اولاجاق. اونسوز دا زامان کئچه‌جک و من قارداشلاریمین اؤز منوچهرلرینی اونیورسیته‌یه گؤندرمک آرزوسونو یئرینه یئتیره‌جه‌یم. ناراحات اولمایین. ساده‌جه بابکین دوشونجه‌لرینی ساغلام توتون، اونون تربیه‌سی دوغرولتوسوندا چالیشین و اوشاقلاری آختاریشان و ماراق دویغوسو گلیشمیش فردلر کیمی یئتیشدیرین. اونون حیاتی‌نین گئری قالانی، درس اوخوماسی و اینیستوتا گئتمه‌سی مندن!

قارداش، اونو دا دئییم کی، اردبیل شهرینده شعر و دیکلمه‌ده اردبیل ایسلام شاعیرلری آراسیندا بیرینجی اولدوم و ایکی کیتاب (عیبادت و شخصی گلیشیم – جهاد اکبر (امام خمینی)) اؤدولو قازاندیم.

آللاها امانت اول، قارداشین منوچهر
۶۱/۱۱/۲۰

اردبیل شهرینده اورتامکتبین بیرینجی صینیفینده اوخویان بیر اؤیرنجیمدن باشقا بیر مکتوبو گتیریرم:

۶۲/۲/۱۲

عزیز قارداشیم محرّم،

سلام. احوالینیز نئجه‌دیر؟ هر زامان اوجا تانری‌نین کؤلگه‌سینده ساغلام اولمانیزی اومود ائدیرم. مندن ساری نیگران اولمایین. سیزدن آیریلاندان بری اؤزومو قارانلیق بیر دونیادا حیسّ ائدیرم. قارداش، منیم درسلریمی سوروشاجاق اولسانیز، الحمد اللّٰه یاخشی‌دیر و نهایی سیناولارین (ایمتاحانلارین) تقویمی خورداد آیی‌نین ۱۱-ینده باشلایاجاق. هله یازماغی یاخشی بیلمه‌دیییم اوچون اوره‌ییمده‌کیلری کاغیذا تؤکوب سیزه بسله‌دیییم محبت حاقّیندا دانیشا بیلمیرم. مندن عایله‌نیزه و بابک و ملاحته سلام یئتیرین. بوتون اؤیرنجیلرینیزین سیزه سلامی وار.

حؤرمتله،

قارداشین مردان آهنی

« یول اوستونده دوران آرزولار

آتاملا آنام ائولنمه‌می ایسته‌ییر دیلر
ائوده بیر گلینلری‌نین اولماسینی
آرزولایان و اوشاقلاری‌نین یووا قورماسینی
گؤرمک ایسته‌ین بوتون آتا–آنالار کیمی
اونلارین دا بئله بیر آرزوسو وار ایدی

« شهناز نوروزوند، قوجاغیندا‌کی اوشاق لاله جوانشیر
لیملی کندی، ائولری‌نین حیطی

• ائولی‌لیییمین ایلک ایللریندن

ایستر ماغارادا اولسون ایسترسه سارایدا، شرفلی یاشاماق نه قدر یاخشی بیر شئیدیر! آمّا بونلاری عینی ایمیش کیمی قیمت‌لندیرمک اؤزلوگونده خطالی‌دیر. ماغارادا یاشاماق سارایدا یاشاماقدان داها یاخشیدیر. اینسانلار مختلیف دؤنملرده قیزیل-گوموش، سارای، خالچا و سایره اوچون هر تورلو ظولمو ائدیب، هر نؤوع سایغی و حؤرمتی آیاقلار آلتینا آلیبلار؛ سادەجه بیر تیکه قیزیل، بیر پارچا خالچا اوچون! حالبوکی خالچاسیز، بیر حصیرین اوستونده ده یاشاماق اولار آمّا سئوگیسیز یاشاماق اولماز. بوردا ائولی‌لیییمین ایلک ایللریندن دانیشیرام (۱۳۵۴/۸/۲۰).

آتاملا آنام ائولنمه‌می ایسته‌ییردیلر. ائوده بیر گلینلری‌نین اولماسینی آرزولایان و اوشاقلاری‌نین یووا قورماسینی گؤرمک ایسته‌ین بوتون آتا-آنالار کیمی اونلارین دا بئله بیر آرزوسو وار ایدی. من ده ائوین بؤیوک اوغلو اولدوغومدان، یا دا بیلگی‌سیزلیک و جهالتدن و یا حتی بوتون کندلیلرین و ایشچیلرین اوشاقلاریندا اولدوغو کیمی ایدعاسیز و گؤزلنتی‌لری آز بیر انسان اولدوغومدان آتاما «اولار،» دئدیم « آمّا یاشایاجاق ائویمیز یوخدور.»

جوابینـــدا دئــدی: «ایرانلیلاریـــن یاریـــدان چوخـــو هامیلیـــقلا بیـــر ائـــوده یاشـــاییر، بیـــز ده بیـــری!»
آمّـا مـن اؤز ایچیمـده بونـو قبـول ائـده بیلمیردیـم. اینـدی بیزیـم اجدادیمیز یـا دا ایرانلیلاریـن یاریـدان چوخـو یانلیـش یـولا گئدیبسـه، مـن نییـه عینی یـولا داوام ائتمه‌لییـم؟ بیـر یانـدان دا موغـان دوزونـده اکینچیلیـک و صنایـع اداره‌سینـده ایشـله‌ییردیم و بـو شـرکت ایشـچیلرینه یاخـشی ائـو، حامـام و مطبـخ وئریـردی. بـو فیکیرسیزلیـک اوزونـدن ائولندیـم، آمّـا شـرکتده ایشیم بـاش توتمـادی. ایشـدن آتیلدیم.
بیزیـم گلیـن اوتاغیمیـز دوز یاریـم عصیـر اؤنجه‌سینـدن، بؤیـوک بابامیـن باباسینـدان یادیـگار قالمیـش هؤرومچـک، سیچـان و سـایره دولـو بیـر مطبـخ ایـدی. آمّـا آتـامی اینجیتمه‌مـک اوچـون هئـچ بیـر شـئی دئمه‌دیـم، چونـکی آتامیـن باشـقا بیـر پالچیـق ائـو تیکمه‌یـه الینده اووجونـدا هئـچ نـه‌یی یـوخ ایـدی. بیـر ده حیـات یولداشیـم اوبـادا بؤیودویونـدن گؤزلنتیلـری آز بیریسـی ایـدی. بونـونلا بئلـه، هـردن او دا گیلئیله‌نیـردی. بیزیـم اؤلچـوب بیچیلمه‌میـش یـا دا اؤلچـوب بیچیلمیـش ائولیلییمیـزدن بیـر آی کئچـدی.
بیـر گـون پارس آبـاددان حیـات یولداشیـم اوچـون بیـر شـال آلمیشـدیم، آمّـا بـو شـالی اونـا وئـره بیلمه‌دیـم. تکـرار چانتامـا قویـوب اؤزوملـه آپاردیـم چونـکی او شـال ایلـه بیرلیکـده آنامـا، قارداشلاریمـا، باجیلاریمـا، بیـر سـؤزله عایلـه عضولری‌نیـن هامیسینـا بیـر شـئیلر آلمیـش اولمـاق ایسـته‌ییردیم. آمّـا بوتـون بـونلارا یئتەجـک پولـوم یـوخ ایـدی. بیـر یانـدان دا بیـر چـوخ ایرانـلی عایلـه‌ده اولدوغـو کیمی، بیزیـم عایلـه‌ده ده آتاآرکلی‌لیـک (پدرسـالاری) و حـتی آناآرکلی‌لیـک (مادرسـالاری) حاکیـم ایـدی. آتـام حیـات یولداشیمـا بیـر شـئی آلدیغیمی گؤرسـه کسیـن منـه کوسـردی. مـن ده چاره‌سیـز، آتاآرکیـل قانـونلارا تابـع ایدیـم. آی باشینـدا معـاش اولاراق آلدیغیـم نـه وارسـا قیرانینـا قـدر آتامـا وئرمـه‌لی ایدیـم. حـتی اؤزومـه بئلـه بیـر پالتـو یـا دا آیـری بیـر شـئی آلا بیلمزدیـم.

آتـام دا مـنی اونون-بونـون یانینـدا اؤیـوب گؤیلـره یوکسلتمیشـدی. او منیـم نئجـه بیـر عذاب-اذیـت و شـرمندەچیلیک ایلـه یاشـادیغیمی بیلمیـردی. چونـکی منیـم ده اونـون کیـمی اولمـامی ایسـتەییردی، نـه آز نـه چـوخ! آتامیـن ایسـتیثمارا معـروض قـالان الـلی ایللیـک حیاتینـداکی گئـری قالمیشـلیغی دولدورماغـا منیـم گوجـوم چاتماسـا دا، او بیـزم ده وارلی اولا بیلەجەییمیـزی، شـهرده یاشـایا بیلەجەییمیـزی، ماشیـن و تراکتـور صاحیـبی اولا بیلەجەییمیـزی سـانیردی. بونلاریـن بوتـون اینسـانلارین آرزوسـو اولدوغـو مـنی ماراقلاندیرمیـر، آمّـا اکینچیلریـن اکثریتی‌نین حیـاتی سـرمایەدارلارین پنجەسینـده اولـوب و هلـه ده ائلەدیـر. اونـا گـؤره ده سـرمایەدارلارین ضربەلریـندن قورتولمادیقجـا بئلـه آرزولار بیزیـم اوچـون دئمـک اولار کی مومکـون دئییـل.
نـه ایسـه، اؤلمه-دیریـل معاشیمـدان یئمەدیـم، ایچمەدیـم، اولدوغـو کیـمی آریـق قالدیـم. نهایتینـده بئش ایـل سـونرا تبریـز عـمی ایلـه اورتـاق بیر تراکتـور آلا بیلدیـک. تبریـز عـمی گـون چؤرەیینـه محتـاج ایـدی.[1] او اوغلـو مجیددن اون میـن تومـن پـول ایسـتەدی. مجیـد ده منیملـه بیرلیکـده ایشـه آلینمیشـدی آمّـا آتاسینـدان و قارداشینـدان آیـری مسـتقیل حیـاتی اولان او، آتاسینـا بـورج بئلـه اولسـا بیـر قیـران دا وئرمـەدی. تراکتـورون بوتـون پولونـو بیـز وئردیـک، او دا شـریک اولـدو و سـونرالار بیزیـم پولـو آز-آز قایتـاردی.

منیـم دیلەگیـم سـادەجه بوتـون عایلەنیـن اوخویـوب سـاوادلانماسی ایـدی. بونـون اوچـون ده بوتـون گـوج و امکانلاریـملا چالیشیردیـم. بیـر زامـانلار عسـگرلیگه گئتدیـم. قارداشلاریمـا یـازاراق غیـابی درس وئردیـم. عـلی و منوچهـر درسـلرینه داوام ائتدیردیلـر آمّـا عنبـر قارداشیـم درس اوخویـا بیلمـەدی. گؤزلـه گؤرونمەیـن الـلریـن یاراتدیـغی محرومیتلـر منیـم دیپلومـدان سـونرا اوخومامیـن قاباغینـی آلدیـغی کیـمی، عنبـر ده

---

۱. فارسجا «بجز آه در سفره نداشت» دئییمی «گون چؤرەیینه محتاج ایدی» شکلینده ترجومه ائدیلمیشدیر.

اوچونجـو صینیفـده تحصیلینی یاریمچیق قویـدو؛ چونـکی اونـون دوققـوز یـاشی اولسـا دا داهـا کیملیـک بلگـه‌سی (شناسـنامه) یـوخ ایـدی. آتامیـن سـاوادسیزلیغی، بیـر یانـدان دا کیملیـک چیخارتماغیـن چـوخ چتیـن بیـر ایـش اولمـاسی سـببی ایلـه عنبـر، **غریـب شـاهمردان** آدلی کاسیـب بیـر اوغلانیـن کیمـلیینی ایلـه اوچونجـو صینیفـه قـدر اوخوموشـدو. مـن معلّیـم اولـوب ابتیـدایی صینیـف کیتابلاری‌نیـن تدریـسی ایلـه تانیـش اولانـدان سـونرا، بئشینـجی صینیـفی بیـر آی ایچینـده عنبـره درس دئدیـم. او متفرّیقـه اولاراق ایمتاحـانلارا قاتیلـدی آمّـا کئچـه بیلمـه‌دی. ایـکی آی داهـا درس وئردیـم. اردبیلـده ایمتاحانـا قاتیلـدی و قبـول اولـدو. اورتـا مکتیبـن بیرینـجی صینیفینـه گئجـه‌چی (شبانه) اولاراق آد یازدیـردی. آمّـا ایکینـجی صینیفـده آتامیـن اؤلومـو اونـون تحصیلینـه داوام ائتمه‌سینـه مانـع اولـدو. ایـندی اون بیـر ایلدیـر دؤولـت چالیشـانی‌یام (کارمنـدم). حیاتیـن هئـچ بیـر راحاتلیغینـا صاحیـب اولمایـان همیـن سـاده کنـد آدامی‌یـام و ائلـه بیلیـرم عؤمرومـون سـونونا قـدر ده اونلارا صاحیـب اولمایاجاغـام. چونـکی اؤلمه‌دیریـل معاشیمـدان توپلادیقلاریـم آتامیـن وفاتینـا، قارداشیمیـن تویونا، قـالانی دا دیگـر قارداشلاریمیـن تحصیلینـه خرجلنـدی.

۶۲/۶/۱۷

لیملی کندینده نوروز بایرامی
ساغدان سولا شکیلده‌کیلر: منوچهر جوانشیر (قارداش)،
علی جوانشیر (قارداش)، علمناز جوانشیر (باجی)،
قیمت جوانشیر (عمی قیزی)،
گولقاییت جوانشیر (آنا)،
شکور جوانشیر (عمی اوغلو)،
اصبر جوانشیر (آتا).

• ۱۳۶۲و۶۳ ـ جو ایل

○ ۶۳-۶۲ تحصیل ایلی

مهر آیی‌نین بیری ۶۲/۷/۱، اردبیل شهرینده باشقا شهرلردن گلن معلّیم‌لرین خیدمت یئرلرینی تعیین ائدیرلر. یوز آلتمیش ایکی نفرین اوره‌یی نیگرانلیقلا دؤیونور، چونکی اردبیلین اکثر کندلری قیشین چوخ سرت کئچدییی ساوالان داغی‌نین اَتکلرینده یئرله‌شیر. آمّا معلّیم‌لردن بعضیسی گیزلیجه اؤز ایشلرینی دوزلدیبلر.

بیزدن ایکی نفرین تعیین بیلدیریشینی اردبیلین باتیسیندا، ساوالان داغی‌نین اَته‌یینده سرداوا[1] یاخینلیغیندا **آغ امام (آتشگاه)** کندینده[2] یئرله‌شن **بابک خرمدین** آدلی ابتیدایی مکتبه یازدیلار. عینی گون او کنده گئتدیم، آمّا یولدا دولو بیزی چوخ اینجیتدی. گئدرکن بو

---

۱. سرداوا، گونئی آذربایجاندا، ایرانین اردبیل ایالتینده ساوالان داغی‌نین اته‌یینده بیر کنددیر. ایستی سولاری، بولاقلاری، شلاله‌سی، ائلجه ده طبیعت جاذیبه‌لری ایله بیلینمکده‌دیر.

۲. آغ امام اورژینال متنده «آق امام» اولاراق یازیلمیشدیر. گونئی آذربایجاندا، ایرانین اردبیل ایالتینده ساوالان داغی‌نین اته‌یینده سرعئین شهرینه باغلی بیر کنددیر. بوکندین آدی آتشگاه اولاراق دا بیلینیر. کند چوخ سابیدا بولاقلاری و قازلی سولاری ایله مشهوردور.

کندلـــردن کئچدیــک: ۱– حســن بــاروق، ۲– نــوران، ۳– انــدرآب، ۴– دره آباد، ۵– کلــور، ۶– ارجیســتان، ۷– آغ امــام.[۱]

الینــده بیــر داراق همیشــه ســاچلارینی داراماقلا مشــغول بیــر مدیریمیــز وار. کئچــن ایلــدن بــری بــو مکتبــده یئــددی نفــر معلّیــم چالیشیرمیــش. اونلاردان صالــح ابراهیمی شــاهد آدلی معلّیــم دؤیــوش جبهه‌سینــه گئدیــب شــهید اولوبــدور.[۲] اینــدی اوغلانلار اوچــون ایــکی، قیــزلار اوچــون بیــر، بیرینــجی صینیفیمیــز وار. معلّیملــردن هئــچ بیــری بیرینــجی صینیفــه گئتمــک ایســته‌میر. مــن اوغلانلار «بیرینــجی صینیــف الــف»ـه گئتمه‌یی

۱. بــو کندلــر گونــئی آذربایجانــدا، ایرانیــن اردبیــل ایالتینــده یئرلەشــن کندلردیــر. حســن بــاروق اردبیــل شــهری‌نین قــوزئی بــاتی ســمتینده، نــوران کنــدی اردبیــل شــهری‌نین یاخینلیغینــدا یئرلەشیــر. انــدر آب، دره آبــاد، کلــور و ارجیســتان ایســه ســاوالان داغی‌نیــن اته‌یینــده ســرعین شــهرینه باغلــی کندلردیــر. ارجیســتان درمــان خاصیــتی اولان ایســتی ســولاری ایلــه بیلینیــر.

۲. ایــران ایلــه عــراق آراسینــدا ۱۹۸۰ـجی ایلــده بــاش وئــرن و ســککیز ایــل داوام ائــدن ساواشــدا بیــر میلیــون یاریــم اینســان حیاتینــی ایتیــردی. ایــکی اؤلکــه آراسینــدا ســرحد مباحیثــه‌سی ۱۹۸۰ـجی ایلــده بؤیوک بیر ساواشــا چئوریلــدی. **صــدام حسیــن** ۱۹۷۵ـجی ایلــده امضالانــان **الجزایــر معاهیده‌ســنی** لغــو ائــده‌رک، **شــطالعرب (کارون)** چایی‌نیــن دوغــو (شــرق) ســاحیل‌لرینی عــراق تورپــاغی اعلان ائتــدی و بونــون داوامینــدا عــراق اوردوســو ایــران تورپاقلارینــدا گئنیــش مقیاسلــی عملیــاتلار باشلاتــدی. صــدام عینــی زامانــدا ۱۹۷۱ـجی ایلــده ایــران طرفینــدن الــه کئچیریلــن **هرمــز بوغازینــداکی (تنگــه هرمــز)** اوچ آدانیــن (**ابومــوسی، تنب بــزرگ، تنب کوچــک**) عربلــره قایتاریلماسینی و آزلیــقلارا مختاریــت وئریلمه‌سیــنی ده ایــره‌لی ســوردو. عــراق اوردوســو ایرانیــن بعــضی اؤنمــلی نفــت اوره‌دیلــن (تولیــد ائدیلــن) بؤلگه‌سیــنی الــه کئچیرســه ده، ایــران اوردوســو ساواشــاراق تورپاقلارینــی گئــری آلــدی. ایــکی طــرف بیرـبیرلری‌نیــن شــهرلرینی و سیویــل بؤلگه‌لرینــی ســاواش اوچــاقلاری ایلــه وورماغــا بــاشلادی. ۱۹۸۷ـجی ایلــده ایــران **کؤرفَــزده (خلیجــده)** و اونــون اطرافینــدا تیجــارت گمیلرینــی هــدف آلماغــا بــاشلادی. بونــون نتیجه‌سینــده آمریــکا و باشــقا اؤلکه‌لــر بؤلگه‌یــه دنیــز اســکورتلاری گؤندردیلــر و ســاواش یئنــی بیــر مرحله‌یــه گیــردی. ایــران اوردوســو سیلاح و تجهیــزات باخیمینــدان سیخینــتی یاشاییردی، آمّــا غــرب دؤولتلــری عــراق اوردوســونا سیلاح و تجهیــزات وئریردیلــر. بونــون نتیجه‌سینــده ایــران طــرفی اینــام و اراده‌سیــنی ایتیرمه‌یــه بــاشلادی. ۱۹۸۸ـجی ایلــده **بیرلشــمیش میللتلــر تهلوکه‌سیزلیــک شــوراسی** طرفلــری آتشکســه چاغیــردی. عــراق بــو چاغــری ایلــه راضیلاشــدی، آمّــا ایــران یــوخ. بیــر مــدت ســونرا بیرلشــمیش میللتلــر تهلوکه‌سیزلیــک شــوراسی‌نین باشکاتیــبی **پــرز دکوئیاریــن** (Pérez de Cuéllar) اوســتالیقلا آپاردیــغی دانیشیــقلار نتیجه‌سینــده، اؤنجــه آتشکــس، ســونرا باریــش راضیلاشــماسی امضالانــدی. بــو ساواشــدا هئــچ بیــر شــئی قازانیلمــادی آمّــا میلیونلارجــا اینســان حیاتینــی ایتیــردی.
"Iran–Iraq War." *In A Dictionary of World History,* edited by Edmund Wright (Oxford University Press, 2006). https://t.ly/EAVxY.

قبـول ائتدیـم. آمّـا قـالان ایـکی صینیفیـن هلـه معلّیـمی یوخـدور. اداره ده بـو مسـأله‌نی سـایمیر. اؤیرنجیلریـن آتا-آنـاسی حیاتیـن پنجه‌سینـده ائلـه اسیـر اولـوبلار کی، هئـچ بیـری اؤولادلاری‌نیـن مکتبـه گئتمـه‌سی ایلـه ماراقلانمیـر. چـوخلاری دفتـر و سـایره اشیالاریـن قیمـتی آرتدیغیندان تحصیـل ملزمه‌لریـنی آلا بیلمیـر.

ابتیـدایی مکتبـده بیزیـم صینیـف اوچـون یئـر یوخـدور. کندلیلـردن بیری‌نیـن اصلینـده تندیرخانـا اولان ائوینـده صینیـف تشـکیل ائتمیشـم. بـوردا گئجه‌لـر تندیـر قالاییـب چـؤرک بیشیریرلـر. گوندوزلـر ده مـن صینیـف قـوروب درس وئریـرم. صینیفـده بؤیـوک بیـر تئشـت، الـک، بوغدا و آرپـا تـایلاری، نفـت دولـو قـابلار و اوتاغیـن اورتاسینـدا بؤیـوک بیـر تندیـر وار. بعضاً اوشـاقلارین قلـمی، دفتـری و یـا کیتـابی تندیـره دوشـور. اللـری دیبـه چاتمادیـغی اوچـون اؤزوم اونلاری تندیـردن چیخاردیـرام.

پنجـره اولمادیـغی اوچـون صینیفـه یئتریـنجـه ایشیـق دوشـمور. مکتبیـن و اوشـاقلارین وضعیتینـدن دانیشمیشـکن دئمه‌لی‌یـم کی، بیرینـجی صینیفـده اوخویـان اوتـوز آلـتی اؤیرنجیـدن یئددیسی‌نیـن آتـاسی یوخـدور و مکتبـه چـوخ دوزه‌نسیـز گلیرلـر. یاخـشی پالتـارلاری دا یوخـدور. چونـکی بدبخـت بیـر آنـادان دوغولـوبلار. بـونلار، بینـؤوره‌سی ایندیـدن أیـری- بویـرو صاباحـکی توپلومـو اینشـاء ائدنلـر اولاجـاقلار.

○ ۶۲/۸/۲۰

بوگون ساعات ۱۴:۳۰–دا یعنی ناهاردان سونرا ۲:۳۰–دا مکتبدن قاییتمیشام. آدینا کوچه دئمه‌یه مین شاهید ایسته‌ین[1] کوچه‌لرین ایچی چیرک–پاساق و توز–تورپاقلا دولودور. ۶ ایله ۱۶ یاش آراسی اوشاقلارین قوروپ شکلینده اوینادیقلارینی گؤرورم. اون نفر بیرلیکده، یئره چکدیکلری دایره‌وی خطین ایچریسینه یووارلاق بیرر داشی یان–یانا دوزور و اونو معیّن بیر داش ایله ووروب خطدن، یعنی دایره‌نین ایچیندن چیخاردیرلار.

اوشاقلاردان بیرینی صحبته توتورام:

– «بو اویونون سیزه نه فایداسی وار کی، بو قدر توز–تورپاق یئییرسیز؟»

– «هئچ نه. بئکار اولدوغوموز اوچون!»

– «نییه درس اوخومورسوز؟»

– «آغا، من بئشینجی صینیفده اوخویورام.»

– «اوندا بس نییه درسلرینه باخمیرسان؟»

– «چونکی ائلییه بیلمیرم.»

– «یاخشی، داش ایله اویناماغین فایداسیز اولدوغونو دوشونورسن‌می هئچ؟»

– «خئییر! بیز بو اویونو گیرده‌کان ایله اویناردیق، آمّا ایندی گیرده‌کان باهالاشیب.»

– «یاخشی، بو قدر تورپاق و پیسلیین اوستونده اوینامانین اینسانی خسته‌لندیردیینی، نه قدر چیرکلی توزون بورنونا گیردیینی، پالتارلارینا کئچدیینی و گئجه یاتاندا یاستیق–یورغانی آیاقلارین و ساچلارینلا چیرکلندیرمجه‌یینی بیلیرسن‌می؟»

اوشاق قبول ائدیب دئییر: «بونلارین هامیسی دوزدور، آمّا ایندییه قدر کیمسه منه بئله سؤزلر دئمه‌ییب. حتی آتا–آنام دا بئله دانیشمامیبلار.

---

۱. بو دئییم حرفی–حرفینه ترجومه دئییل، مفهومون ترجومه‌سیدیر.

کوچه‌دن کئچنلرین هامیسی بیزی گؤرور آمّا هیچ بیری بیزیم فیکریمیزده دئییل، سانکی بیر داش پارچاسی‌نین یانیندان کئچیرلر.»
اوشاق ایندی اؤسکورور.
– «یاخشی، ایندی نییه اؤسکوردویونو بیلیرسن‌می؟ چونکو خسته‌له‌نیبسن و خسته‌لندیینی اؤزون ده بیلمیرسن. بلکه هئچ آتا–آنان دا بیلمیر.»
اوشاق جاواب وئریر:
– «آتام فهله‌دیر. آنام دا گئدیب یئر آلما توپلایاراق گونه‌موزد ایشله‌ییر. بیز بو قوروپدا دؤرد قارداشیق.»
– «یاخشی، آتا–آنانیزین سیزین دفتر، قلم و کیتاب پولونوزو نئجه بیر عذاب–اذیت و چتینلیکله تأمین ائتدیینی بیلیرسن‌می؟ سیزسه اونلاردان یاخشی فایدالانیب علم اؤیرنمیرسیز!»
اوشاق دئییر: «بلی، دوزدور. چونکی ایکی ایلدیر بئشینجی صینیفده اوخویورام. چونکی کئچن ایل بیر آی خسته‌لندیم.»
– «یاخشی، نییه خسته‌لندیینی و نئجه خسته‌لندیینی بیلیرسن‌می؟»
– «بلی، سویوق ده‌یمیشدی.»
– «البته کی بو سویوق هاوادا کوچه‌ده آداما سویوق ده‌یر! هم، دیرناقلارین دا چوخ اوزوندور. باخ، دیرناقلارین آراسی نه قدر ده چیرکلی‌دیر! مکتبده معلّم‌لر سیزه هئچ نه دئمیرمی، خاطیرلاتمیرمی؟»
– «خئییر. ایندییه قدر دئمه‌ییبلر. ساده‌جه بیر دفعه دئدیلر، اوندا دا دیرناق‌توتان تاپا بیلمه‌دیم.»

بوردا بیر ورق، صحیفه ۷۰ و ۷۱ گونلوکدن قوپوب دوشموشدور. آشاغیداکی بؤلومو اینجه‌لرکن، اونون محرّم جوانشیرین یازدیغی بیر مکتوبون سون صحیفه‌سی اولدوغو آنلاشیلیر.

اوندا قوی سیزین کیمی شیرین دیللی شاعیرین دئدییی کیمی بو یالقیزلیغین ایچینده چورویوم. بوندان آرتیق اینجیکلیک دالینجا اولما. شاعیر دئمیشکن: اوره‌ک قازانا بیلمیرسنسه، اوره‌ک قیرماق هونر دئییل!
یاخشی عزیزیم، منیم اوچون چوخ چتین اولسا دا، بونو دوزلتمه‌یه و هامی ایله یولا گئتمه‌یه چالیشاجاغام. آمّا او شاعیرلیینه آند ایچیرم کی، منیم تک آرزوم سیزین سعادتینیزدیر و شعرلرینیزده منه، بو آریق و ضعیف بدنه یئر یوخدورسا، اوندا بو دفعه اوجا طبعینیزده «هجو»ی سیناسانیز ثمره‌سیز اولماز. آمّا بیلیرم کی، کولش تایاسی‌نین دیبینده «آ» حرفی‌نین اهمیّتیندن دانیشماقلار و یاز ساج، سار و... دئمه‌لر یادیندان چیخمابیبدیر.
«آ»، اَن بؤیوک آرزوم حیاتین بوتون آلانلاریندا، شعرده و شاعیرلیکده، طبّده و طبابتده ایره‌لیله‌ییشینیزدیر. آمّا نه یازیق کی، سنین گؤزونده و بلکه ده بوتون اینسانلارین گؤزونده، ائله‌جه ده تانری‌نین و گوج-ثروت، مال-دؤولت تانریلاری‌نین قارشیسیندا ذره قدر ده‌یریم یوخدور. کئشکه او گون تئز گلسین و بو گوجسوز کیمسه‌نین سیزی موتلو بیر حیات ایچینده گؤره‌جک قدر عؤمرو باقی قالمیش اولسون. انشاالله!
بو محزون نغمه‌لر سانما کی منیم
منه یوخ، اوستادا سن دئ آفرین (فضولی)[1]

---

۱. شعرین متنده‌کی اورژینال حالی:

مکتوبون سونونداکی بو شعرین مقصدی منیم اوستاد، سیزین ایسه اؤیرنجی اولدوغونوزو وورغولاماق دئییل. داها دوغروسو، سیز بیر شاعر اولدوغونوز اوچون تفکور و آراشدیرما بابیندا فضولینی یاد ائتمک ایسته‌دیم.

۶۲/۹/۵، گئجه ۲:۲۵
کیچیک قارداشین، محرّم

ندن دؤندرمیسن اوز مندن ای بخت؟
قاچاقسان سن ده مندن بؤیله، بدبخت!
بیلنمیرسن‌می من بیچاره‌یم، سخت؟
اولوبدور قان کؤنولده رنجدن لخت! م. م. ج[1]

○ ۶۲/۹/۵

مدان از من این نغمه‌های حزین
نه بر من بر استاد کن آفرین
محمد فضولی (۱۵۵۶–۱۴۸۳)، سلجوقلولار زامانی کرکوک و بغداد چئوره‌سینده‌کی گئنیش آلانا یئرلشن تورکمن‌لرین بایات بویوندان‌دیر. بعضی قایناقلار اونون بغدادلی، بعضیلری ده کربلا، حلّه و نجفلی اولدوغونو یازماقدادیر. او تورکجه، عربجه و فارسجا اولماق اوزه‌ره اوچ دیلده منظوم و منثور اثرلر یاراتمیشدیر. آمّا یازدیقلاری‌نین بؤیوک بیر حیصه‌سینی آذربایجان تورکجه‌سینده قلمه آلدیغیندان، تورک ادبیاتی‌نین آذربایجان ساحه‌سی شاعیری اولاراق بیلینمکده‌دیر. شاعیر ۱۵۵۶-جی ایلده کربلادا وفات ائتمیشدیر. داها آرتیق بیلگی اوچون باخینیز:
Türk Edebiyatı İsimler Sözlüğü, s.v. “Fuzûlî” (Prof. Dr. Muhsin Macit), accessed July 19, 2023, https://t.ly/ya1l

۱. «لخت» و «سخت» سؤزلری قافیه‌نی پوزماماق اوچون ترجومه ائدیلمه‌میشدیر. بو شعرین کیمه عاید اولدوغونو تثبیت ائتمک مومکون اولمادی. شعرین متنده‌کی اورژینال حالی:
چرا برگشته‌ای از من تو ای بخت؟
تو هم از من گریزانی، تو بدبخت!
نمیدانی که من بیچاره‌ام سخت؟
ز رنج زندگی خون دلم لخت! (م.م.ج)

اردبیل شهرینه کئچمکدن مقصد ائو صاحیبی اولماق و یا رادیو، تلویزیون، سویودوجو، اوجاق‌قاز، خالچا و قاب-قاجاق کیمی راحاتلیقلارا صاحیب اولماق دئییل، سادەجە محیط دەییشدیرمک ایدی. یوخ، من دبدبەدن اوزاغام. بو ایندی یا فیکیرسیزلیکدن قایناقلانیر، یا دا مالی آچیدان ضعیف اولدوغومدان. مشهور بیر آتا سؤزو دئییر: پیشیین الی اته چاتمایاندا، دئییر امت ایبلەنیب! البته کی بئله اولمابیب و بئله ده دئییل، چونکی بیز ایرانلیلاردا حیاتین ساده وسایطلری بئله یوخدور. بیر یاندان من یازیق، عایله عضولری آراسیندا هر زامان عدالتلی داورانماغا چالیشمیشام. یعنی، بیر جوت تزه آیاق‌قابی آلیرامسا، اؤنجه قارداشلاریما، پول قالیبسا اؤزومه آلمالی‌یام. اؤته یاندان، قارداشلاریم قارداشلیغین و اینسانلیغین دەیرینی- البته سادەجه منیمله علاقەلی- بیلمەسەلر ده، من اونلارا قارشی باشقالاری کیمی دئییلم و اولمامیشام. یعنی آغیر-یونگول بوتون ایشلرده، بیچینده، اوت ییغماقدا و حیاتین بوتون ایشلرینده اونلارلا چیین-چیینه چالیشمیشام. اؤزومو اونلارین هر بیریندن کیچیک حساب ائتمیشم و هئچ واخت سادەجه اؤز چولومو سودان چیخارماغا فیکیر وئرمەمیشم، وئرمەرم ده. بوتون اینسانلارین حیاتی بیر زنجیر کیمی بیر-بیرینه باغلیدیر. من بو زنجیر حلقەلرینی قارداش سئوگیسی ایله گوجلندیرمەیه و ایشلرده، یئمکده، گئیمکده و اوتوروب-دورماقدا موساوات ایله داوراناراق داها اوزون عؤمورلو قیلماغا چالیشمیشام. بیر تورک آتاسؤزو دئییر: «بیرلیک هاردا، دیریلیک اوردا!»

○ ۱۳۶۲/۹/۱۸

پاییزدا آخشام ساعات ۷-ده هاوا قارانلیق و سویوقدور. شهرده بیر ایشیم وار ایدی. ائوه قاییداندا گؤردوم خاتم النبی کوچه‌سی‌نین باشینداکی امیرالمومنین مسجیدی‌نین یانیندا قوجا بیر کیشی بوزولوب اوتوروب. سانکی بیر شئیی و یا بیرینی گؤزله‌ییر.

سوروشدوم: «سلام علیکیم، عمی. بوردا نییه دوروبسان؟»

دئدی: «سلمان آبادا[1] گئتمک ایسته‌ییرم، آمّا ایتلردن قورخورام.»

دئدیم: «گل بیرلیکده گئدک.»

قوجا کیشی ایله صؤحبته باشلادیم. دئدیم: «ایشین‌می وار ایدی بئواختا قالدین؟»

دئدی: «شورابیلده[2] بیر معمارین یانیندا ایشله‌ییرم.»

قوجا کیشی یئتمیش یاشیندا نظره گلیر و چوخ سینیخیب. سلمان آباد ایله شهرین آراسینداکی قارانلیق مسافه‌نی چتینلیکله یئرییر.

دئدیم: «عمی، قاباقجادان هاردا یاشاییردیز؟»

دئدی: «موغاندا. گوللو[3] کندینده.»

دئدیم: «بس نییه کؤچدون؟»

دئدی: «اکینه‌جک یئریم یوخ ایدی. همی ده قونشوم ایتیمی و حیوانلاریمی اؤلدوروردو.»

---

۱. سلمان آباد، اردبیل شهری‌نین باتیسیندا یئرله‌شن بیر محله‌دیر. بو محله‌نین ۱۳۶۵-جی ایلدن اعتباراً کنار محله کیمی بیر فونکسیونو اولموش و ۱۳۷۴-جی ایلدن اعتباراً اردبیل بؤیوک شهر خیدمت احاطه‌سینه داخیل اولموشدور. سلمان آباد محله‌سی هله ده مهاجیرلرین داها چوخ یاشادیغی بیر محله‌دیر. بو مؤوضوعدا داها گئنیش بیلگی اوچون باخینیز: فریدون بابایی اقدم، عبدالوهاب غلامی، جواد جعفری، آصف آشفته، «تحلیل جمعیتی محلات حاشیه‌نشین مطالعه موردی محله سلمان آباد اردبیل،» سومین *کنفرانس برنامه‌ریزی و مدیریت شهری*، ۱۳۹۰.

۲. شورابیل، اردبیل شهری‌نین جنوبوندا یئرله‌شن شهر ایچی بؤیوک بیر گؤلدور. گؤلون کناریندا اَیلنجه مکانلاری، هتللر و ایدمان آلانلاری واردیر.

۳. گوللو کندی (Güllü kəndi)، گوللو بولاق اولاراق دا بیلینیر. بو کند موغانین خوروزلو ماحالیندا، بیله‌سووار شهری‌نین اون بیر کیلومترلیینده یئرله‌شیر.

یازیق آدام! حیاتین باسقی‌سیندان قورتولماق اوچون قاچیب، آمّا بوردا دا سفالتله ال-به-یاخادیر. بیزیم صینیفسال توپلومدا دا یاخشی یئمک یئسین، یاخشی پالتار گئیینسین دئیه هامی اؤزونو دوشونور.

«بیز اؤزوموزو عقل مشعلی ایله آلیشدیرمالی‌ییق کی، جهالت قارانلیغیندا اولانلار بیزی گؤرسونلر. بیز هر شئیه دوزلوک و دوغرولوق اساسیندا جواب وئرمه‌لی‌ییک. بوتون گئرچکلیین و بوتون یالانلارین فرقینه وارماق لازیمدیر.» – ماکسیم قورکی (Maxim Gorky)[1]

«بیزی سفیل حیاتیمیزین باتاقلیغیندان کئچیب، دوپ-دورو یاخشیلیق اوزه‌رینده قورولان بیر گلجه‌یه آپاراجاق بیر کؤرپو سالاق!»

۱. ماکسیم قورکی (۱۹۳۶–۱۸۶۸)، سووئتلر بیرلییی روس یازیچیسی و سوسیالیست متفکّردیر. او چتین بیر حیات یاشادی. داها ۱۱ یاشیندا ایکن یئتیم قالدی و کیچیک یاشلاریندان اعتباراً حیاتینی دولاندیرماق اوچون مختلیف ایشلرده چالیشدی. اوشاقلیق حیاتینی اوشاقلیغیم آدلی بیر کیتابدا اوتوبیوقرافی اولاراق قلمه آلدی. بو کیتاب تورکجه‌یه ترجومه ائدیلمیش‌دیر. قورکی ۱۸۹۰-جی ایللردن اعتباراً یازیچیلیغا باشلادی و اثرلرینی مختلیف درگیلرده نشر ائتدیردی. **آنتوان چخوف** (Anton Chekhov) و **لئو تولستوی** (Leo Tolstoy) ایله دوستلوق ائتدی. ۱۹۰۵-جی ایلده روس انقلابینا قاتیلماسی سببی ایله حبس ائدیلدی. ۱۹۰۶-جی ایلده آمریکایا یاشاماغا گئتسه ده، ۱۹۱۳-جو ایلده روسیایا گئری دؤندو. بولشویکلری تنقید ائتدیی اوچون ۱۹۲۱-جی ایلده روسیادان آیریلیب آوروپایا گئتدی و ۱۹۲۴-جی ایلده ایتالیادا اوتوبیوقرافیسینی قلمه آلماغا باشلادی. ۱۹۲۸-جی ایلده تکرار روسیایا قاییتدی و اونا **لنین** نیشانی وئریلدی آما **ایستالین** دؤنه‌مینده باسقیلار آرتینجا اؤز ائوینده حبس حیاتی یاشادی. بعضی اؤنملی اثرلری آراسیندا آنا، کیچیک بوروژوالار، آرخاداش، فیرتینانین خبرچیسی، اوشاقلیغیم، چؤره‌یینی قازانارکن، منیم اونیورسیتتلریم، اینسانلاریمیز و مخبیر اثرلرینی سایماق اولار.
Ronald Francis Hingley, "Maxim Gorky, Russian Writer" *Encyclopædia Britannica*, available online at https://t.ly/03FI- (accessed online on 23 July 2023).

« فار سجا طبقی باسیمی
Facsimile

» محرّم جوانشیر لیملی اؤروشونده

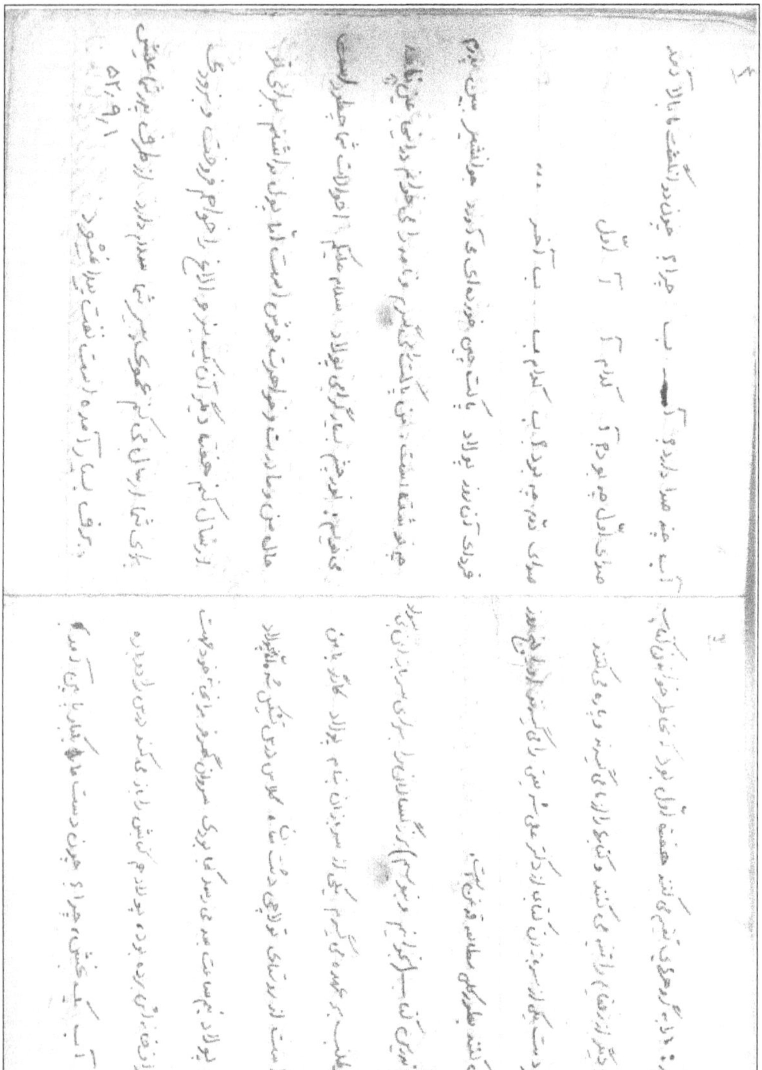

۳

در عجب شهر: ما را به گروه‌هایی تقسیم می‌کنند هفته اول بود که بخاطر خواندن کتاب
مرا و ۲ نفر دیگر از رفقایم را تنبیه می‌کنند و کتابها را از ما می‌گیرند و پاره می‌کنند
هفته دیگر دست یکی از سربازان کتاب از دکتر علی شریعتی را می‌گیرند او را پنج روز
زندانی می‌کنند بطور کلی مطالعه قدغن است.
من تدریس کتاب (بخوانم و بنویسم) بزرگسالان را برای سربازان بی‌سواد
و داوطلب بر عهده می‌گیرم یکی از سربازان بنام پولاد کارگر با من
هم ولایتی است از روستای تولاچی دشت مغان. کلاس درس تشکیل شد ملا پولاد
خبری نیست پولاد نیم ساعت بعد می‌رسد کجا بودی سروان گفت برای خود جهت
نظافت اطراف خانه‌اش برده بود. پولاد هم کتابش را باز می‌کند درس را دوباره
تکرار کنم آب یک بخش، چرا؟ چون دست ما یکبار پایین آمد.

۴

آب چند صدا دارد؟ آ ـ ب چرا؟ چون دو انگشت ما بالا آمد
صدای اول چه بود؟ آ کدام آ آ اول
صدای دوم چه بود؟ ب کدام ب ب آخر ...
فردای آن روز پولاد پاکت چین خورده‌ای می‌آورد جوانشیر ببین پدرم
چه نوشته است. من پاکت را می‌گیرم و نامه را می‌خوانم دانی عین نامه
می‌نویسم: نور چشم بسیار گرامی پولاد سلام علیکم احوالات شما چطور است
حال من و مادرت و خواهرت خوش است اما پول نداشتم برای تو
ارسال کنم هفته دیگر آن یک بز و الاغ را خواهم فروخت و بزودی
برای شما ارسال می‌کنم عموی پسر شما سلام دارد از طرف پدرتان عیش
برف بسیار آمده است نفت پیدا نمی‌شود.
۵۲٫۹٫۱

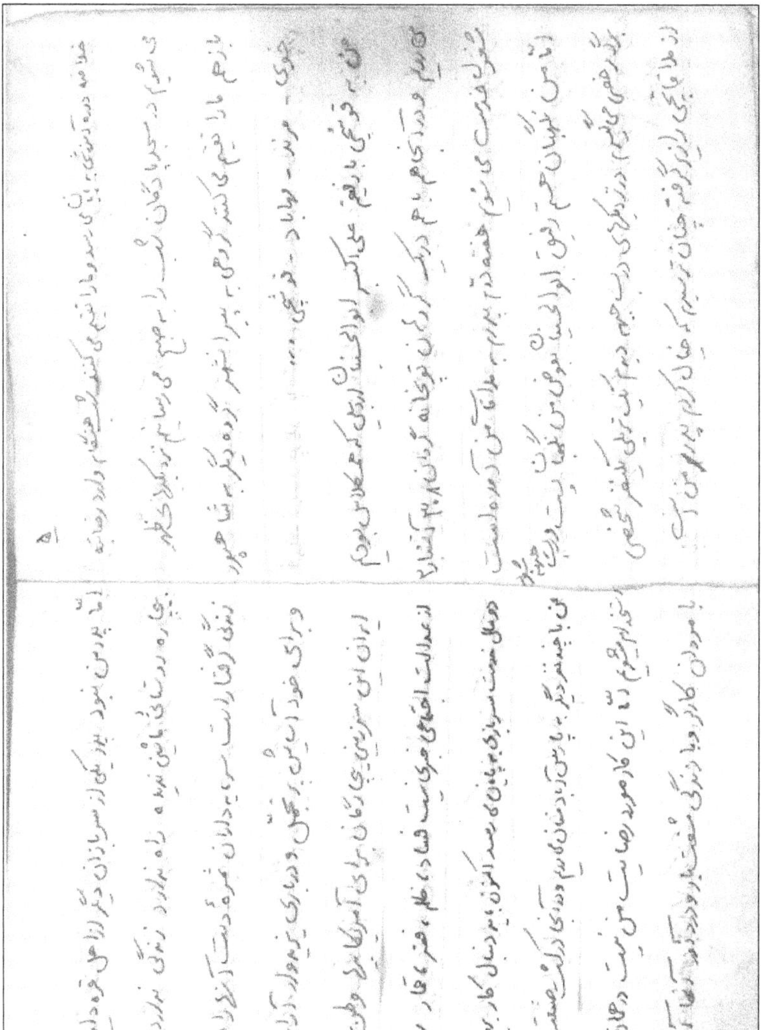

۵

خلاصه دوره آموزشی به پایان می‌رسد و ما را تقسیم می‌کنند. شب هنگام وارد رضائیه
می‌شویم در مسجد پادگان شب را به صبح می‌رسانیم نزدیکی‌های ظهر
بازهم ما را تقسیم می‌کنند گروهی به پیرانشهر گروه دیگر به شاهپور
خوی - مرند - مهاباد - قوشچی ...
من به قوشچی با رفیقم علی‌اکبر ابوالحسنان اردبیلی که همکلاس بودیم
می‌رویم و در آنجا هم باهم در یک گروهان توپخانه گردان ۳۰۸ آتشبار ۲
مشغول خدمت می‌شویم هفته دوم پدرم به ملاقات من آمده است
اما من نگهبان هستم رفیق ابوالحسنان بعوض من نگهبان است و درب [illegible]
برگ مرخصی می‌گیرم در تردیدهای درب جبهه دیدم تک تریلی یکنفر شخص
از ملاقاتچی را زیر گرفته چنان ترسیدم که خیال کردم پدرم من است

۶

اما پدر من نبود بلکه یکی از سربازان دیگر از اهل قره‌داغ بود
بیچاره روستائی با شین ندیده راه ندارد زندگی ندارد در چنگال
زندگی گرفتار است سرمایه‌داران ثمره دست آنها را غارت برده‌اند
و برای خود آسایش و تجمل و درباری پر زرق و برق آراسته‌اند
ایران این سرزمین بیچارگان برای آمریکا بهترین وطن شده است
از عدالت اجتماعی خبری نیست فساد، ظلم، فقر، قمار رونق دارد
دوسال خدمت سربازی به پایان می‌رسد اکنون باید دنبال کار بروم.
من با چند نفر دیگر به پارس آباد مغان می‌رویم و در آنجا در کشت و صنعت و دامپروری
استخدام میشویم اما این کار مورد رضایت من نیست در همان قدم اول
با مردان کارگر و با زندگی مشقت‌بار و دردآلود آنها آشنا می‌شوم

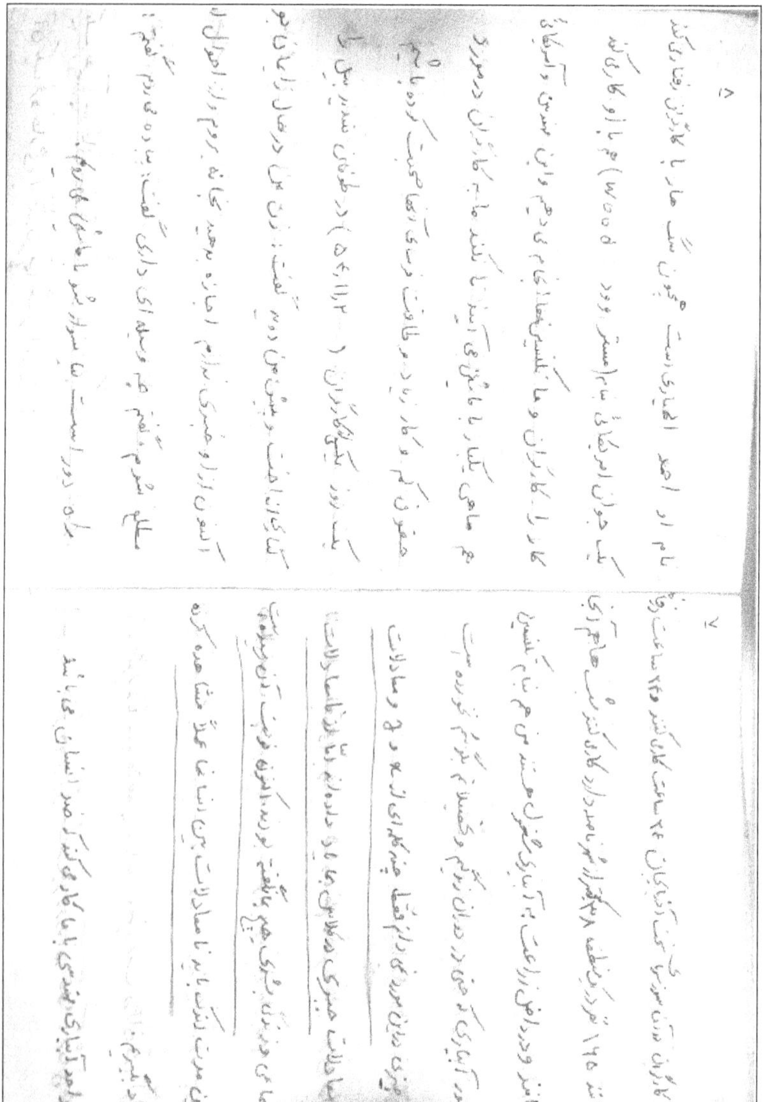

۷

این کارگران دوتن سوزسیاه تحت آفتاب ایران ۲۴ ساعت کار می‌کنند و ۲۴ ساعت روزانه
می‌مانند ۱۶۵ نفر در یک منطقه ۸۳۰ کیلومتر از شهر ناصد دارد کار می‌کنند شب‌ها هم آنجا
می‌مانند و در داخل زراعت به آبیاری مشغول هستند من هم بنام تکنسین
در امور آبیاری که حتی در دوران زندگیم و تحصیلاتم بگوشم نخورده است
هیچ چیزی در این مورد نمی‌دانم فقط چند کلمه‌ای از x و y و معادلات
یا معادلات جبری در کلاس بما یاد داده‌اند امّا از این معادلات
اجتماعی در زندگی بشری هیچ با ما نگفته بودند. اکنون نوبت آن رسیده است
در این مدت اندک باید تا معادلات بین انسانها عملاً مشاهده کرده
و یاد بگیریم.
در واحد آبیاری مهندسی با ما کار می‌کند که ضد انسان می‌باشد

۸

نام او احمد الحیاری است همچون سگ هار با کارگران رفتار می‌کند
یک جوان امریکائی بنام (مستر وود Wood) هم با او کار می‌کند
کار را کارگران و ما تکنسین‌ها انجام می‌دهیم و این مهندس و امریکائی
هم ماهی یکبار با ماشین می‌آیند تا نکنند ما به کارگران در مورد
حقوق کم و کار زیاد و طاقت فرسای آنها صحبت کرده باشیم
یک روز یکی از کارگران (۵۴،۱۱،۲) در طوفان شدید شن را
کنار انداخت و پیش من دوید گفت: زن من در حال زایمان بود
اکنون از او خبری ندارم اجازه بدهید بخانه بروم و از احوال او
مطلع شوم. گفتم چه وسیله‌ای داری گفت: پیاده می‌روم گفتم:
راه دور است بیا سوار شو با ماشین می‌رویم.

۹

من اورا تا دم خانه‌اش بردم در راه دربارهٔ بیماری زنش صحبت می‌کردم
من به او گفتم اگر لازم باشد با ماشین اداره به دکتر می‌رسانیم و همینطور هم
شد اورا با لندرور به پارس آباد رساندیم دکتر بعد از معاینه دستور داد
هرچه زودتر به زایشگاه گرمی برسانید پیکانی را کرایه کردیم ۲۵۰ تومان
آنها به گرمی رفتند من هم به مسئول حضور غیاب گفتم اورا حاضر بنویسد
۱۰/۱۵ روز طول کشید تا به سر کار بیاید سر برج حقوقش را گرفت
یکی دیگر از کارگران به مهندس خبر می‌دهد و چنین شرح می‌دهد:
جوانشیر یکی از کارگران از خودش اجازه داده است و دیروز ما را
جمع کرده بود می‌گفت حقوق شما کم است کار را تعطیل کنید آن
یک نفر آمریکائی حقوق صد نفر شما را می‌گیرد. آیا ارزش
آن یک فرد خارجی از صد نفر شما بیشتر است؟

۱۰

صبح روز شنبه ۶/۱۲/۵۵ با ماشین همراه راننده حیدر جهت سرکشی
به کارگران عازم محل کار می‌شوم هوا خیلی سرد است با آنکه حقوق
را تازه گرفته‌ام اما نتوانسته‌ام یک پالتو و یک کلاه بخرم سرما
داخل ماشین خیلی اذیتم می‌کند حیدر که یک کمی سنگین می‌شنود چون
۲۰ سال راننده تراکتور بوده بر اثر مسمومیت ثقل سامعه دارد کلاه نمدی
خودرا بمن می‌دهد و خود با شال گردن سرش را می‌پیچد به اولین
چادر می‌رسیم در آنجا یک چائی می‌خوریم محمد کارگر پیر یک سیب ز
از داخل اجاق بیرون آورد با دامن کت خود تمیز می‌کند و بمن می‌دهد
سیب زمینی گرم است و در این هوای سرد خیلی با مزه است.
به چادر دوم سر می‌زنیم در این چادر یکی از کارگران بنام

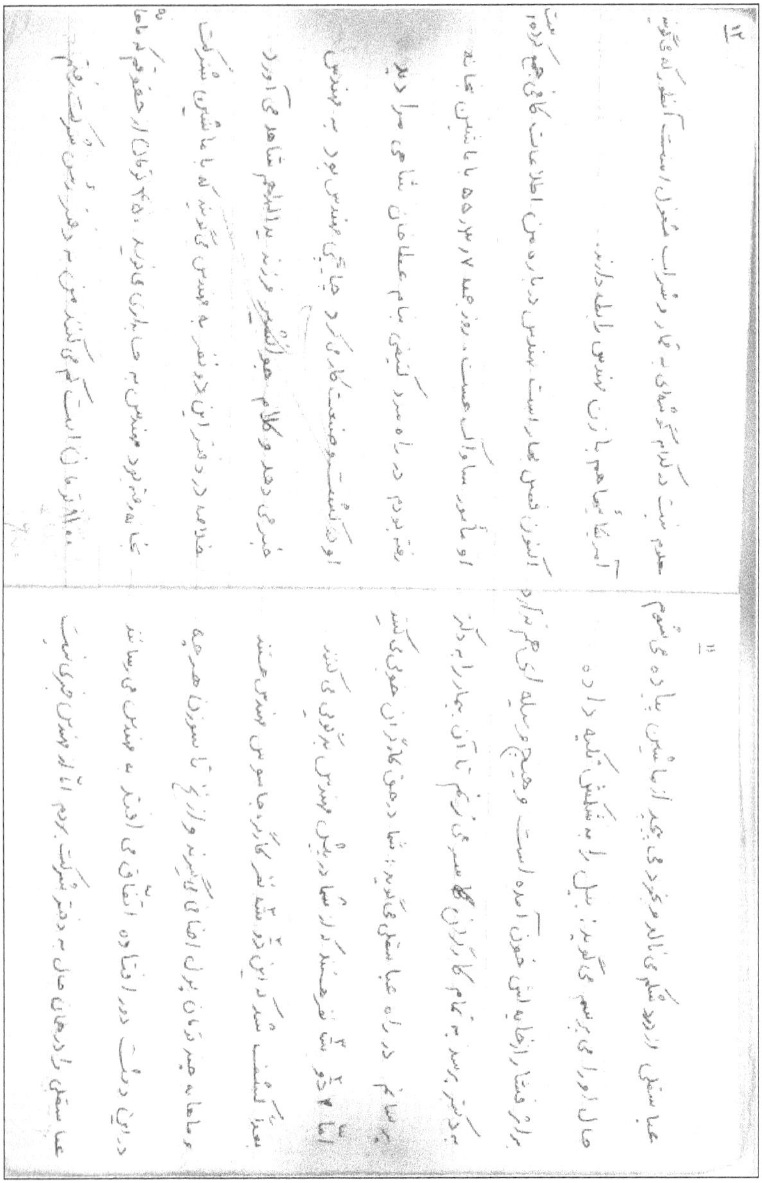

۱۱

عباس سقلی از درد شکم می نالد و بخود می پیچد از ماشین پیاده می شوم
حال او را می پرسم می گوید: بیل را به شکمش تکیه داده
بر اثر فشار از خایه اش خون آمده است و هیچ وسیله ای هم ندارد
به دکتر برسد به تمام کارگران گلسری می زنم تا آن بیمار را به دکتر
برسانم در راه عباس سقلی می گوید: شما در حق کارگران خوبی می کنید
اما ۲ ذو ۳ ثه نفر هستند که از شما در پیش مهندس بدگوئی می کنند
بعداً کشف شد که این ذو ۲ شه ۳ نفر کارگر، جاسوس مهندس هستند
و ماهانه چند تومان پول اضافی می گیرند و از نخ تا سوزن هرچه
در این دولت دور افتاده اتفاق می افتد به مهندس می رسانند
عباس سقلی را در همان حال به دفتر شرکت بردم اما از مهندس خبری نیست

۱۲

معلوم نیست در کدام گوشه ای به قمار و شراب مشغول است آنطور که می گویند
آمریکائیها هم با زن مهندس رابطه دارند.
اکنون فصل بهار است مهندس درباره من اطلاعات کافی جمع کرده است
او مأمور ساواک هست. روز جمعه ۵۵/۳/۷ با ماشین بخانه
رفته بودم در راه مرد کثیفی بنام عطاخان شاهی مرا دید
او در کشت و صنعت کار می کرد جاسوس مهندس بود به مهندس
خبر می دهد و کلام حوالشیر فرزند یدالله هم شاهد می آورد
خلاصه در دفتر این دو نفر به مهندس می گویند که با ماشین شرکت
بخانه رفته بود مهندس به حسابداری می گوید ۴۵۰ تومان از حقوقم که ماهانه
۹۱۰۰ تومان است کم می کنند من به دفتر رئیس شرکت رفتم

۱۳

به هرکس گفتم قبول نشد خلاصه به خود مهندس گفتم مهندس بمن
با مشت حمله کرد من هم به او لگد انداختم.
روز شنبه ۵۵/۶/۱ برگ اخراجی خود را در دفتر شرکت دیدم
با آنکه از اول علاقه به این کار نداشتم چون از نظر اجتماعی
نمی توانستم مفید باشم بنابراین به اداره آموزش پرورش کرج
مراجعه کردم و در تاریخ ۵۵/۷/۳۰ استخدام شدم حالا یک معلم هستم
ابلاغ مرا به دبیرستان نوشته اند دیگری یک منزل اجاره می کنم
ماهی ۷۰۰ تومان به سراغ حقوق می روم می بینم ماهی ۱۳۰۰ تومان
حقوقم هست و اضافه کاری نداریم چون پیمانی هستم
به اداره مراجعه کردم گفتم هر روستائی که دارید حاضرم خدمت بکنم

۱۴

گفتند: روستاهای دوردست وبیراهه خالی هست گفتم: باز هم حاضرم
ابلاغ، مرا عوض کردند به روستای محله کندی (غلامین کندی) (میدر)
نوشتند.
۵۵/۸/۳ در روز بارانی با اسب همراه پدرم وارد ده محله کندی
شدیم.
موقعیت جغرافیائی روستا بسیار جالب است کوه‌های بلند پوشیده
از درختان جنگلی و خودرو است درخت گردو - انار - [illegible] - توت
سر به آسمان کشیده اند دره ها، تپه ها پُر از نی می باشد.
آب چشمه ها بسیار باصفاست صدای کبوترها، کبک ها از هر
طرف بگوش می رسد طبیعت در اینجا خیلی با صفا و جذاب است
انسان از تماشای کوه‌ها، غارها، درختان سیر نمیشود

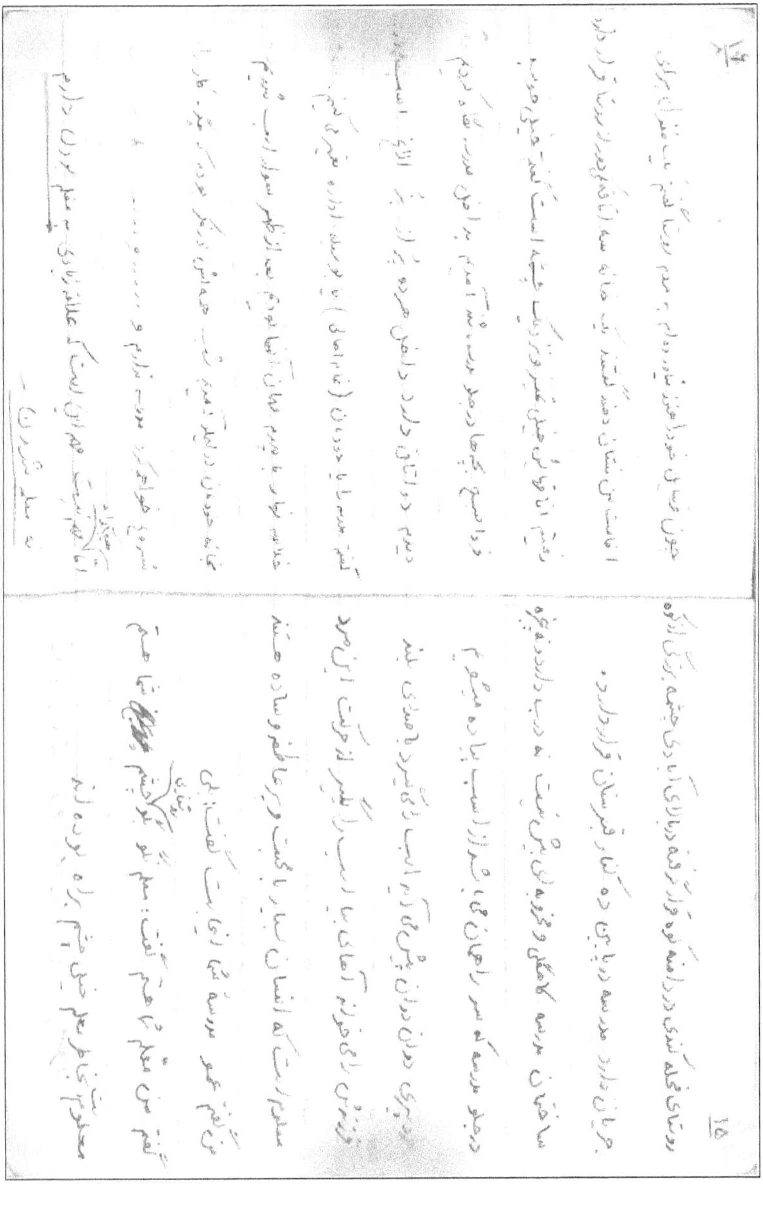

۱۵

روستای محله کندی در دامنه کوه قرار گرفته در بالای آبادی چشمه بزرگی از کوه
جریان دارد مدرسه در پایین ده کنار قبرستان قرار دارد.
ساختمان مدرسه کاهگلی و مخروبه‌ای بیش نیست نه درب دارد و نه پنجره
در جلو مدرسه که سر راهمان می‌باشد از اسب پیاده میشویم
[illegible] پیری دوان دوان پیش می‌آید اسب را میگیرد با صدای بلند
فرزندش را می‌خواند آقای بیا اسب را بگیر از حرکت این مرد
معلوم است که انسان بسیار با محبت و پرعاطفه و ساده هستند
من گفتم عمو مدرسه شما اینجا است گفت: بلی
گفتم من معلم شما هستم گفت: معلم نگو بگو چشم (روشنائی) [illegible] شما هستم
معلوم است بخاطر معلم خیلی چشم براه بوده‌اند

۱۶

چون وسایل خود را هنوز نیاورده‌ام به مردم روستا گفتم یک منزل برای
اقامت من نشان دهند گفتند یک خانه سه اتاقه در وسط روستا قرار دارد
رفتیم اتاقهایش خیلی تمیز و نزدیک چشمه است گفتم خیلی خوب
فردا صبح بچه‌ها در جلو مدرسه [illegible] آمدیم به داخل مدرسه نگاه کردیم
دیدیم دو اتاق دارد داخل هر دو پر از پهن الاغ اسب [illegible]
گفتم مدرسه را یا خودمان (تمام اهالی) یا بوسیله اداره تعمیر می‌کنیم.
خلاصه ناهار با پیرمرد مهمان آنها بودیم بعد از ظهر سوار اسب شدیم
بخانه خودمان در لیلان آمدیم شب همه‌اش در فکر بودم که چطور کار را
شروع خواهم کرد مدرسه ندارم و ......
اما مهم نیست مهم این است که علاقه زیادی به معلم بودن دارم
نه معلم شدن.

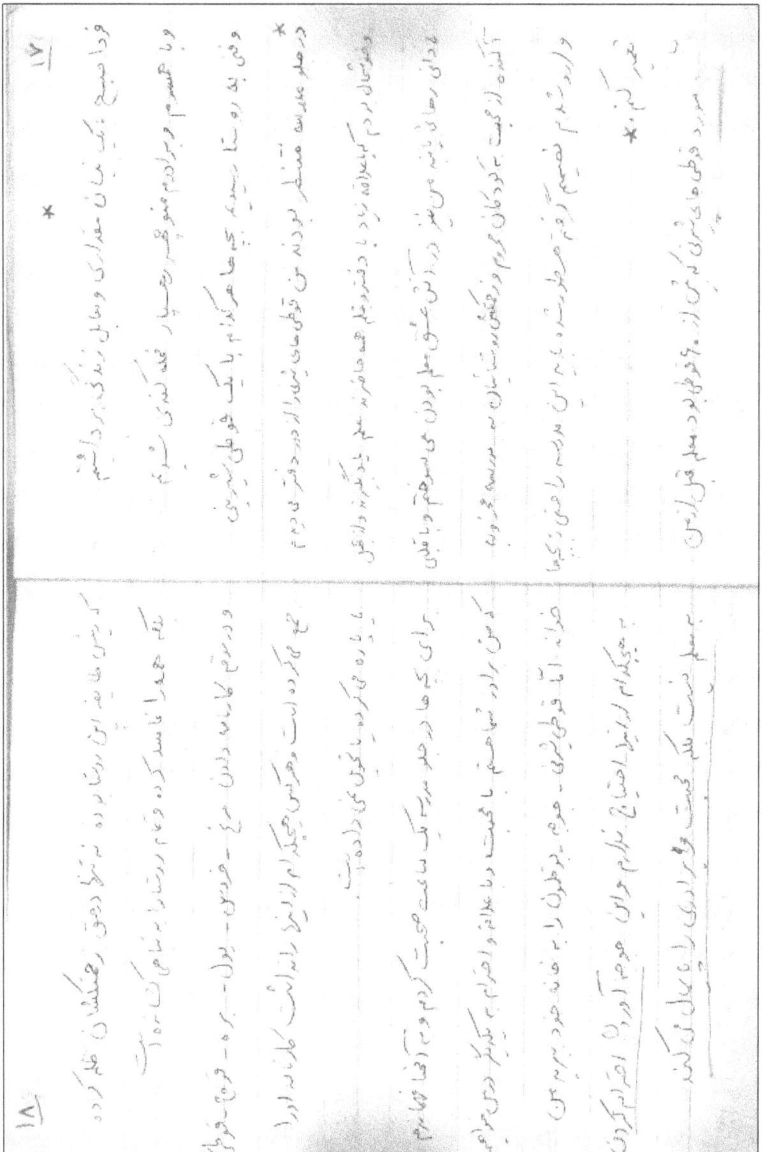

۱۷

*

فردا صبح یک نیسان مقداری وسایل زندگی برداشتم
و با همسرم و برادرم منوچهر رهسپار خمه‌کندی شدیم
وقتی به روستا رسیدیم بچه‌ها هرکدام با یک قوطی شیرینی
* در جلو مدرسه منتظر بودند من قوطی‌های شیرینی را از دور دفتر می‌دیدم
و خوشحال بودم که با علاقه زیاد با دفتر و قلم همه حاضرند علم یاد بگیرند و از قبل
ندای رهایی یافته من نیز در آتش عشق معلم بودن می‌سوختم و با قلبی
آکنده از محبت به کودکان محروم و زحمتکش روستاییان به مدرسه خمه‌کندی
وارد شدم تصمیم گرفتم هرطور شده بنای این مدرسه را حتی با بچه‌ها
تعمیر کنم. *
مورد قوطی‌های شیرینی که بیش از ۶۰ قوطی بود معلم قبل از من

۱۸

که رئیس طایفه این روستا بوده نه تنها در حق زحمتکشان ظلم کرده
بلکه همه را فاسد کرده و تمام روستا را به تباهی کشانده است
و در موقع کارنامه دادن مرغ ـ خروس ـ پول ـ بره ـ قوچ ـ قوطی شیرینی
جمع می‌کرده است و هرکس هیچکدام از اینها را نداشت کارنامه او را
یا پاره می‌کرده یا تحویل نمی‌داده است.
برای بچه‌ها در جلو مدرسه یک ساعت صحبت کردم و به آنها فهماندم
که من برادر شما هستم با محبت و با علاقه و احترام به یکدیگر درس خواهیم
خواند اما قوطی شیرینی ـ خروس ـ بوقلمون را به خانه خود ببرید من
به هیچکدام از اینها احتیاج ندارم چون عوض آوردن اینها احترام کردن
به معلم نیست بلکه محبت و برادری را پایمال می‌کند

۱۹

با این همه قرض با جوتیه من آیا مغازه باز می‌کنم

پس فوراً بروید بجای این‌ها دفتر و قلم بردارید و بیایید

روستای محمدلوی فقط یک مغازه دارد. مغازه‌دار حسینعلی خیرخواه

که با معلم قبلی همدست بوده با کمک همدیگر روستائیان را غارت می‌کردند

وقتی که قرض‌ها را پس دادند این شخص در حضور همه ظاهر شد

و چنین صحبت کرد اگر با این مردم این طور رفتار کنی این‌ها

آدم نمی‌شوند به شما احترام نمی‌کنند گفتم مگر من ژاندارم هستم

که به من رشوه بدهند یا از من بترسند خلاصه بطور واضح

و روشن گفت که بابا تو نمی‌گذاری ما قرض بفروشیم

این روز دیدم یک ورق کاغذ ۱۰ ریال خودکار یک ...

بچه‌ها فروخته است و دفتر هم ...

۲۰

چون اول پاییز است (۱,۷,۵۵) بچه‌ها هرکدام ۵ تا خودکار

خریده‌اند گفتم بچه‌ها وسایل تحصیل در اینجا خیلی گران است هیچکس

حق ندارد لذا اینجا دفتر خودکار کاغذ و ... بخرد

من با حسینعلی خیرخواه صحبت کردم گفتم ارزان بفروشد

وگرنه خودم تمام وسایل را می‌آورم در اختیار دانش‌آموزان

قرار می‌دهم و چنین هم شد اما با حسینعلی میانه خوبی نداشتیم

در مسجد او همیشه از من صحبت می‌کرد و بهتان می‌گفت و من

هم به یک یک روستائیان می‌گفتم این حسینعلی اجناس مورد نیاز

شما را گران می‌فروشد و از پول شما برای خود تراکتور، نیسان

تحویل قالی ... خانه خوب ساخته است ارزان چیزی نخرید

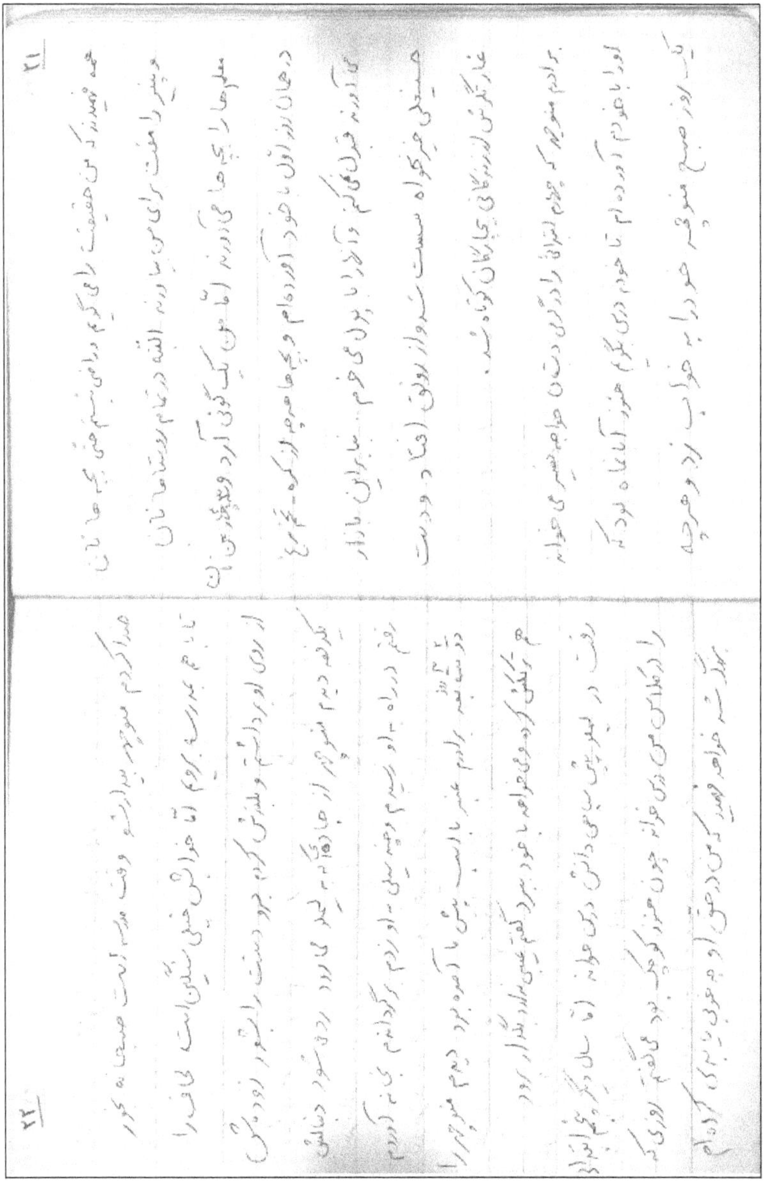

۲۱

همه فهمیدند که من حقیقت را می‌گویم درامی نیستم حتی بچه ها نان
و پنیر را مفت برای من بیاورند. البته در تمام روستاها نان
معلم‌ها را بچه‌ها می‌آورند اما من یک گونی آرد و [illegible]
در همان روز اول با خود آورده‌ام و بچه‌ها هرچه از کره ـ تخم مرغ
می‌آورند قبول می‌کنم و آنها را با پول می‌خرم. بنابراین بازار
صنعتی خیرخواه سست شد و از رونق افتاد و دست
غارتگرش از زندگانی بیچارگان کوتاه شد.

برادرم منوچهر که چهارم ابتدائی را در گرمی دستان خواجه نصیر می‌خواند
او را با خودم آورده‌ام تا خودم درس بگویم هنوز آنا ماه بود که
یک روز صبح منوچهر خود را به خواب زد و هرچه

۲۲

صدا کردم منوچهر بیدار شو وقت مدرسه است صبحانه بخور
تا با هم بمدرسه برویم اما خوابش خیلی سنگین است لحاف را
از روی او برداشتم و بلندش کردم برو دست را بشور زود باش
یکدفعه دیدم منوچهر از جا [illegible] به لیمو می‌رود رد شود دنبالش
رفتم در راه به او رسیدم و چند سیلی به او زدم برگرداندم بخانه آوردم
دو سه روز بعد برادرم عنبر با اسب پیش ما آمده بود دیدم منوچهر را
هم ترکش کرده و می‌خواهد با خود ببرد گفتم عیبی ندارد بگذار برود
رفت در لیمو پیش سیاحی دانش درس خواند اما سال دیگر پنجم ابتدائی
را در کلاس من درس خواند چون هنوز کوچک بود می‌گفتم روزی که
بزرگ شد خواهد فهمید که من در حق او چه خوبی [illegible] کرده‌ام

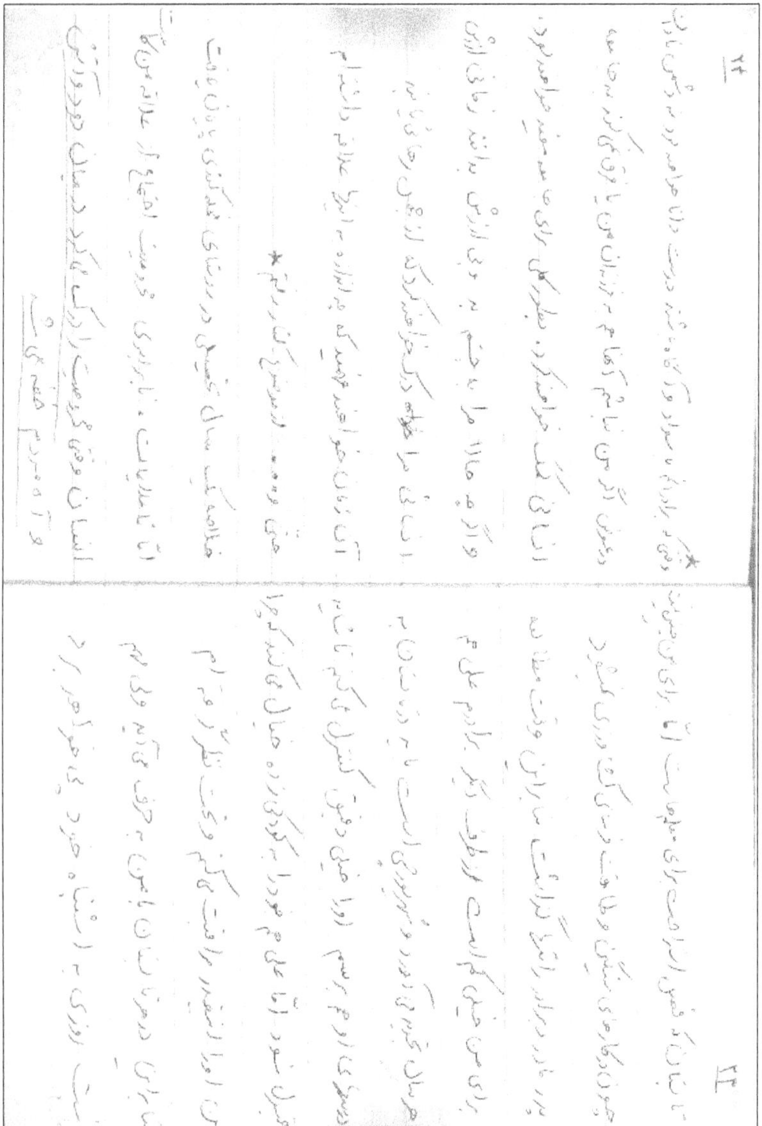

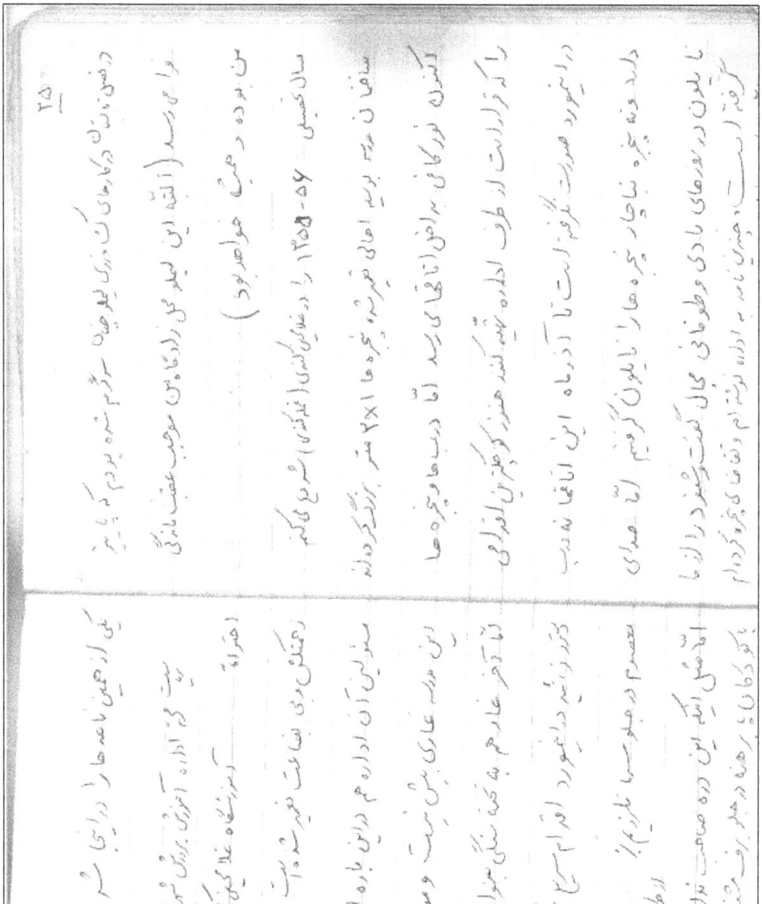

۲۵

درضمن زمستان در کارهای کشاورزی لیلوجیان سرگرم شده بودم که پاییز
فرا می‌رسد (البته این لیلو محل زادگاه من موجب عقب ماندگی
من بوده و همیشه خواهد بود)
سال تحصیلی ۱۳۵۵-۵۶ را در غلامین کندی (غله‌کندی) شروع می‌کنم
ساختمان مدرسه بوسیله اهالی تعمیر شده پنجره‌ها ۱×۲ متر بزرگ کرده‌اند
اکنون نور کافی به داخل اتاقها می‌رسد امّا درب‌ها و پنجره‌ها
را که قرار است از طرف اداره تهیه کنند هنوز کوچکترین اقدامی
در اینمورد صورت نگرفته است تا آذرماه این اتاقها نه درب
دارد و نه پنجره ناچار پنجره‌ها را با نایلون گرفتیم امّا صدای
نایلون در روزهای بادی و طوفانی مجال گفت و شنود را از ما
گرفته است. چندین نامه به اداره نوشته‌ام و تقاضای پنجره کرده‌ام

۲۶

یکی از همین نامه‌ها را در اینجا شرح می‌دهیم:
تاریخ ـــ ۵۶/۸/۲۰
شماره ـــ ۱۲۲
ریاست محترم اداره آموزش و پرورش شهرستان نقده
احتراماً ـــ آموزشگاه غلامین کندی که از طرف خودیاری اهالی
زحمتکش و بی‌بضاعت تعمیر شده است امّا هنوز درب و پنجره ندارد
مسئولین آن اداره هم در این باره اقدام نکرده‌اند از آنجایی که ساختمان
این مدرسه عاری بیش نیست و موجب ننگ از طرف هر رهگذری می‌گردد
امّا آخر غار هم به تکه سنگی بعنوان درب نیاز دارد تقاضا می‌شود
دستور فرمایید در اینمورد اقدام سریع نمایید تا بیش از این با اطفال
معصوم در جلو [illegible] ملزم [illegible]
از طرف معلم دبستان غله‌کندی محرم جوانشیر
امّا مثل اینکه این دره صاحب ندارد در عین حال باید
با کودکان پابرهنه در جلو برف مشغول باشم

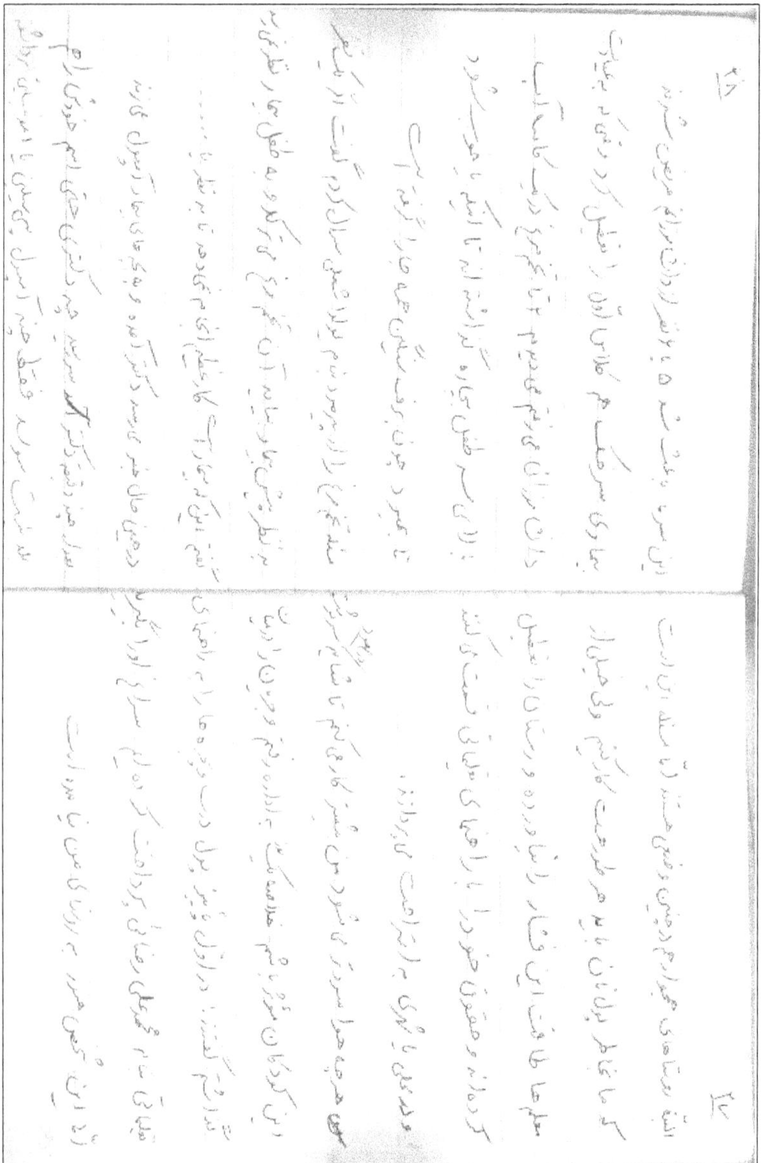

۲۷

البته روستاهای هموار هم چنین وضعی هستند اما مسئله این است
که ما بخاطر پول نان باید هر طور هست کار کنیم ولی خیلی از
معلم‌ها طاقت این فشار را نیاورده و دبستان را تعطیل
کرده‌اند و حقوق خود را با راهنمای تعلیماتی قسمت می‌کنند
و در محلی یا شهری به استراحت می‌پردازند.
سپس هرچه هوا سردتر می‌شود من بیشتر کار می‌کنم تا شاید در بهبود سرنوشت
این کودکان مؤثر باشم. خلاصه یک به اداره رفتم و جریان را در میان
گذاشتم گفتند: در اول پاییز پول درب و پنجره‌ها را به راهنمای
تعلیماتی بنام محمدعلی رضائی پرداخت کرده‌ایم سراغ او را بگیرید
امّا این شخص هنوز به روستای من نیامده است

۲۸

این سرما باعث شد ۵ یا ۶ نفر از دانش‌آموزانم مریض شوند
بیماری سرخک هم کلاس اول را تعطیل کرد وقتی که به عیادت
دانش‌آموزان می‌رفتم می‌دیدم ۲ تا تخم مرغ در یک کاسه آب
بالای سر طفل بیچاره گذاشته‌اند تا اینکه یا خوب شود
یا بمیرد چون برف سنگین همه جا را گرفته است
مسئله تخم مرغ را از پیرمردی بنام پولاد شجاعی سؤال کردم گفت اگر یک نفر
بد نظر پیش بیمار بیاید آن تخم مرغ می‌ترکد و به طفل بیمار نظر نمی‌رسد
گفتم این که بیمار است کار خطرناکی انجام نمی‌دهد تا به نظر بیا.....
درهمین حال خبر می‌رسد دکتر آمده و به بچه‌های بیمار آمپول می‌زند
بعد از چند دقیقه دکتر [illegible] سر رسید چه دکتری حتی اسم خودش را هم
بلد نیست بنویسد فقط چند آمپول پنی‌سیلین با خودش برداشته

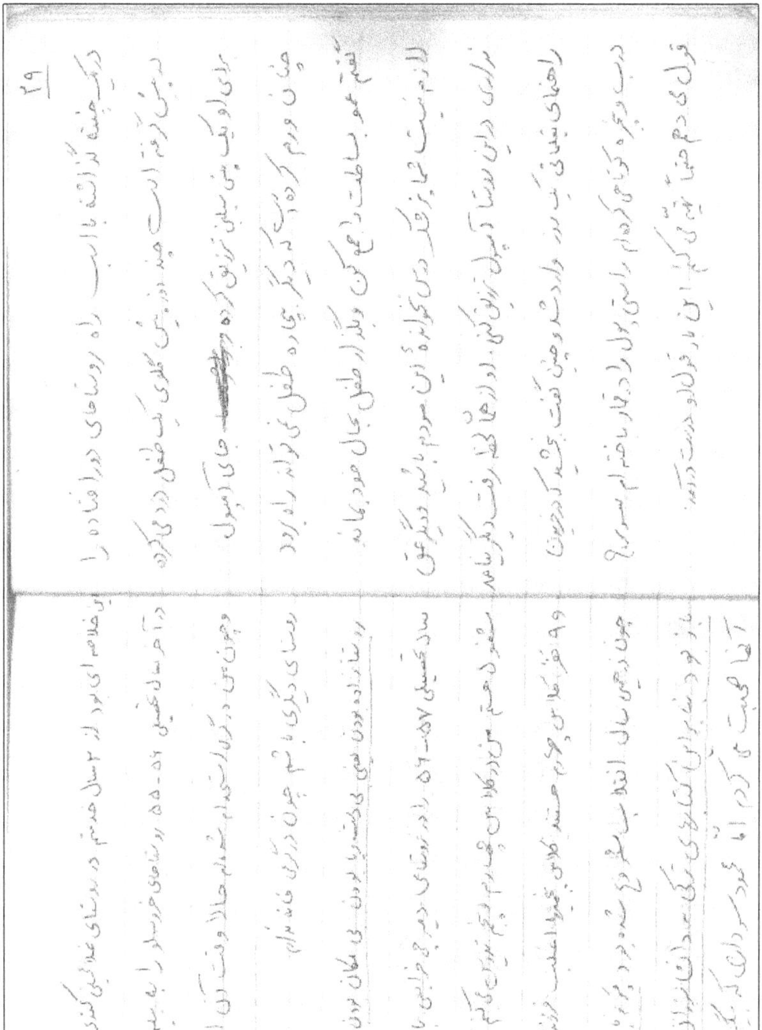

۲۹

درکی چشمه گذاشته با اسب راه روستاهای دورافتاده را
در پیش گرفته است چند روز پیش گلوی یک طفل درد می‌کرده
برای او یک پنی‌سیلین تزریق کرده و [illegible] جای آمپول
چنان ورم کرده است که دیگر بیچاره طفل نمی‌تواند راه برود
گفتم عمو بساطت را جمع کن و بگذار طفل بحال خود بماند
لازم نیست شما پزشک درس نخوانده این مردم باشید و دیگر حق
ندارید در این روستا آمپول تزریق کنی. او از همان لحظه رفت دیگر نیامد
راهنمای تعلیماتی یک روز وارد شد و چنین گفت ببخشید که در چون
درب و پنجره کوتاهی کرده‌ام راستی پول را در قمار باخته‌ام بسوزد؟
قول می‌دهم حتماً تهیه می‌کنم این بار قول او درست درآمد

۳۰

این خلاصه‌ای بود از ۲ سال خدمتم در روستای علاخبی کندی (قیدلدی)
در آخر سال تحصیلی ۵۶-۵۵ روستاهای خروسلو را به [illegible] سواد و چند
وچون من در گرو استخدام شده‌ام حالا وقت آن است که در جنوبی
روستای دیگری باشم چون درگیری فائده ندارم
روستازاده بودن یعنی بی‌دست و پا بودن بی‌مکان بودن
سال تحصیلی ۵۷-۵۶ را در روستای دمیرچی خرابی با ۲ نفر معلم دیگر
مشغول هستم من در کلاس چهارم و پنجم تدریس می‌کنم ۱۲ نفر کلاس پنجم
۹ نفر کلاس چهارم هستند کلاس پنجم‌ها اغلب فرزندان رعیت هستند
چون در همین سال انقلاب شروع شده بود [illegible] معلم تقریباً
باز بود و من برای کتابهای ترکی به دانش‌آموزان می‌دادم برای
آنها صحبت می‌کردم اما محمود سرداری که یک زاده [illegible]

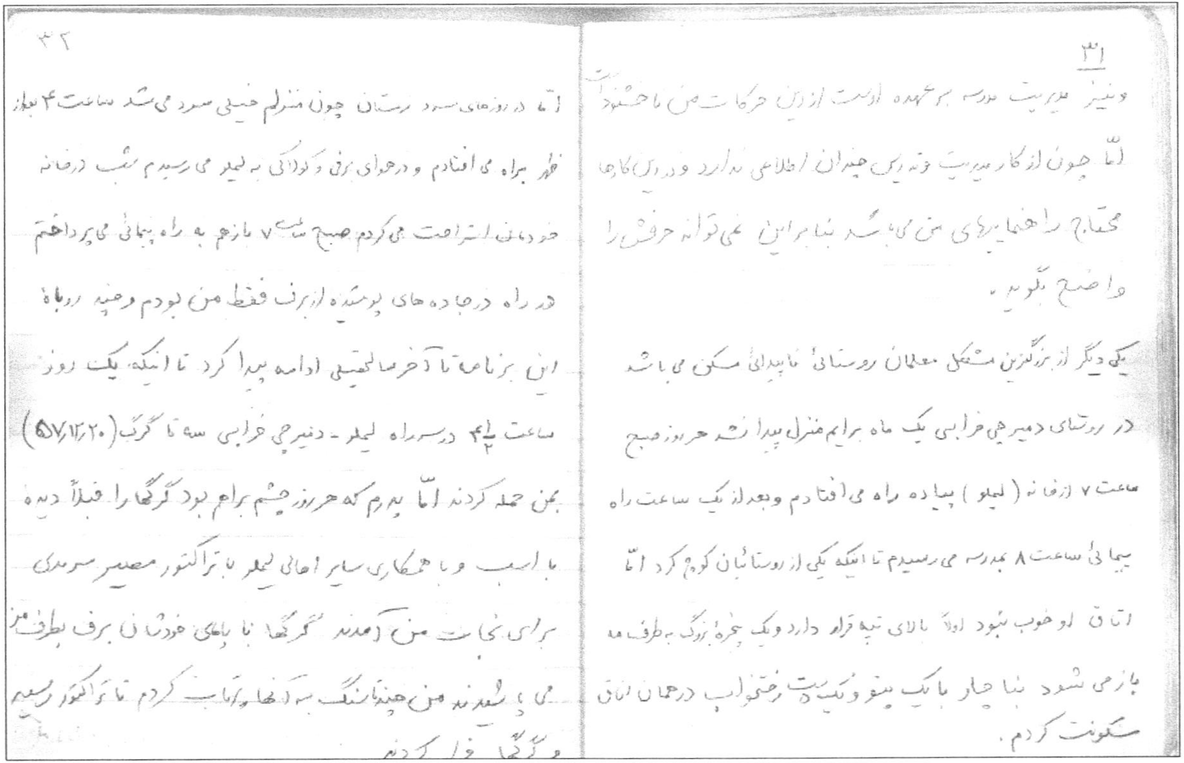

۳۱

ونیز مدیریت مدرسه بر عهده اوست از این حرکات من ناخشنود است
امّا چون از کار مدیریت و تدریس چندان اطلاعی ندارد و در این کارها
محتاج راهنمایی‌های من می‌باشد بنابراین نمی‌تواند حرفش را
واضح بگوید.

یکی دیگر از بزرگترین مشکل معلمان روستائی ناپیدائی مسکن می‌باشد
در روستای دمیرچی خرابی یک ماه برایم منزل پیدا نشد هر روز صبح
ساعت ۷ از خانه (لیملو) پیاده راه می‌افتادم و بعد از یک ساعت راه
پیمائی ساعت ۸ بمدرسه می‌رسیدم تا اینکه یکی از روستائیان کومک کرد امّا
اتاق او خوب نبود اولاً بالای تپه قرار دارد و یک پنجره بزرگ بطرف مه
باز می‌شود بناچار با یک پتو و یک دست رختخواب در همان اتاق
سکونت کردم.

۳۲

امّا در روزهای سرد زمستان چون منزلم خیلی سرد می‌شد ساعت ۴ بعداز
ظهر براه می‌افتادم و در هوای برفی و کولاکی به لیملو می‌رسیدم شب در خانه
خودمان استراحت می‌کردم صبح ساعت ۷ باز هم به راه پیمائی می‌پرداختم
در راه در جاده‌های پوشیده از برف فقط من بودم و چند روباه
این برنامه تا آخر سال تحصیلی ادامه پیدا کرد تا اینکه یک روز
ساعت ۴½ در سر راه لیملو - دمیرچی خرابی سه تا گرگ (۵۷/۱۲/۲۰)
بمن حمله کردند امّا پدرم که هر روز چشم براهم بود گرگها را قبلاً دیده
با اسب و با همکاری سایر اهالی لیملو با تراکتور مصیر سرمدی
برای نجات من آمدند گرگها با پاهای خودشان برف بطرف من
می‌پاشیدند من چند تا سنگ به آنها پرتاب کردم تا تراکتور رسید
و گرگها فرار کردند

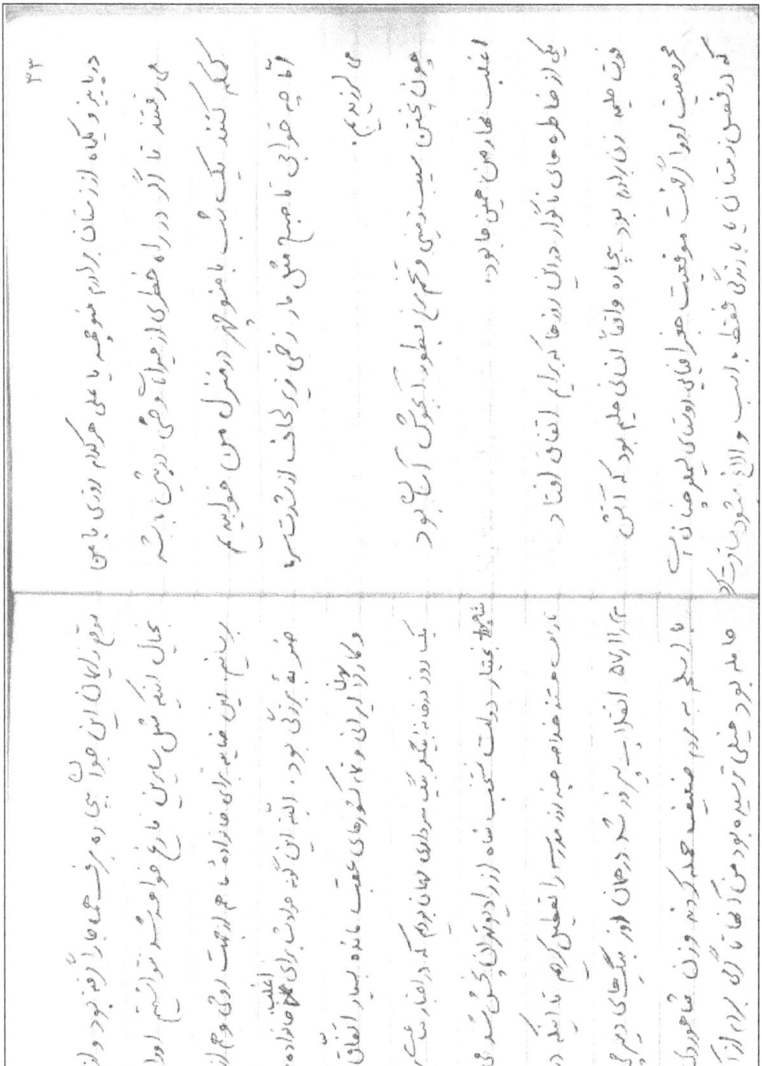

۲۳

در پاییز و گاه از زمستان برادرم منوچهر یا علی هرکدام روزی با من
می رفتند تا اگر در راه خطری از حیوانات وحشی در پیش باشد
کمکم کنند یک شب با منوچهر در منزل من خوابیدیم
آه چه خوابی تا صبح مثل مار زخمی زیر لحاف از شدت سرما
می لرزیدیم.
چون پختن سیب زمینی و تخم مرغ معمولا آبجوش آسان بود
اغلب نهار من همین ها بود.
یکی از خاطره های ناگوار در آن روزها که برایم اتفاق افتاد
فوت حلیمه زن برادرم بود بیچاره واقعا انسانی حلیم بود که آتش
محرومیت او را گرفت موقعیت جغرافیایی روستای لیمرچینان(?) ...
که در فصل زمستان با زندگی فقط با اسب و الاغ میشود مسافرت کرد

۲۴

موقع زایمان این جوان بیچاره برف همه جا را گرفته بود و از طرف دیگر
بخیال اینکه مثل سابق بارش تمام خواهد شد نتوانستیم او را به درمانگاهی
برسانیم. این ضایعه برای خانواده ما هم از جهت روحی و هم از لحاظ اقتصادی
ضربه بزرگی بود. البته این گونه حوادث برای اغلب خانواده های روستائی
و کارگران ایرانی و تمام کشورهای عقب مانده بسیار اتفاق می افتد
یک روز در خانه بیگم بیگ سرداری مهمان بودم که در اخبار ساعت سیزده فرار
شاپور بختیار دولت منتخب شاه از رادیو تهران پخش شد می دیدیم که این ها
ناراحت هستند خلاصه چند روز مدرسه را تعطیل کردیم تا اینکه در روز ۲۲ بهمن
۵۷/۱۱/۲۲ انقلاب پیروز شد در همان روز بیگ های دیمرچی خرابی
با اسلحه به مردم ضعیف حمله کردند و زن شاهوردی معلم مدرسه
حامله بود خیلی ترسیده بود من آنها تا گرمی بردم از آنجا به [illegible] رفتند

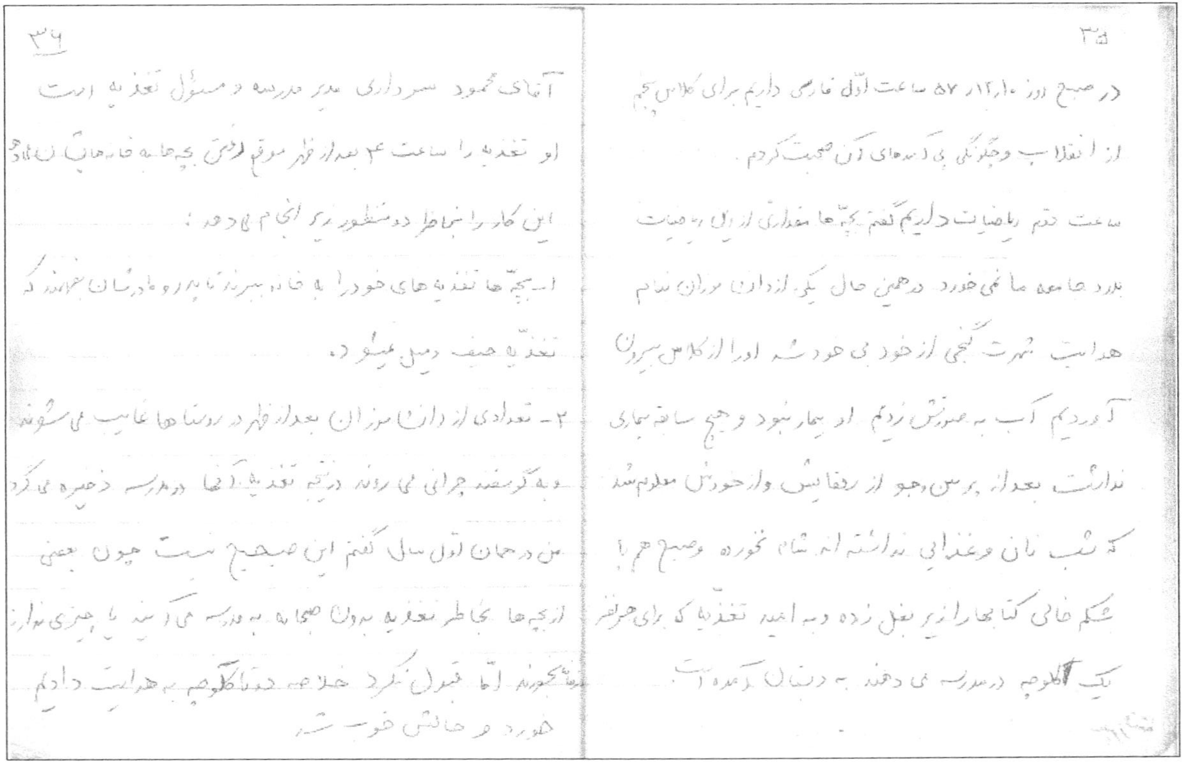

۳۵

در صبح روز ۱۰/۱۲/۵۷ ساعت اول فارسی داریم برای کلاس پنجم
از انقلاب وچگونگی پیامدهای آن صحبت کردم.
ساعت دوم ریاضیات داریم گفتم بچه‌ها مقداری از این ریاضیات
بدرد جامعه ما نمی‌خورد. درهمین حال یکی از دانش‌آموزان بنام
هدایت شهرت گنجی از خود بی‌خود شد اورا از کلاس بیرون
آوردیم آب به صورتش زدیم او بیمار نبود و هیچ سابقه بیماری
نداشت بعداز پرس‌وجو از رفقایش وازخودش معلوم شد
که شب نان وغذایی نداشته‌اند شام نخورده وصبح هم با
شکم خالی کتابهارا زیر بغل زده وبه امید تغذیه که برای هر نفر
یک کلوچه درمدرسه می‌دهند به دبستان آمده است.

۳۶

آقای محمود سرداری مدیر مدرسه و مسئول تغذیه است
او تغذیه را ساعت ۴ بعدازظهر موقع رفتن بچه‌ها به خانه‌هایشان می‌داد
این کار را بخاطر دو منظور زیر انجام می‌دهد:
۱- بچه‌ها تغذیه‌های خود را به خانه ببرند تا پدر و مادرشان بخورند که
تغذیه حیف ومیل میشود.
۲- تعدادی از دانش‌آموزان بعدازظهر در روستاها غایب می‌شوند
وبه گوسفندچرانی می‌روند درنتیجه تغذیه آنها درمدرسه ذخیره می‌کرد
من درهمان اول سال گفتم این صحیح نیست چون بعضی
از بچه‌ها بخاطر تغذیه بدون صبحانه به مدرسه می‌آیند یا چیزی [illegible]
نخورند اما قبول نکرد خلاصه چند کلوچه به هدایت دادیم
خورد و حالش خوب شد

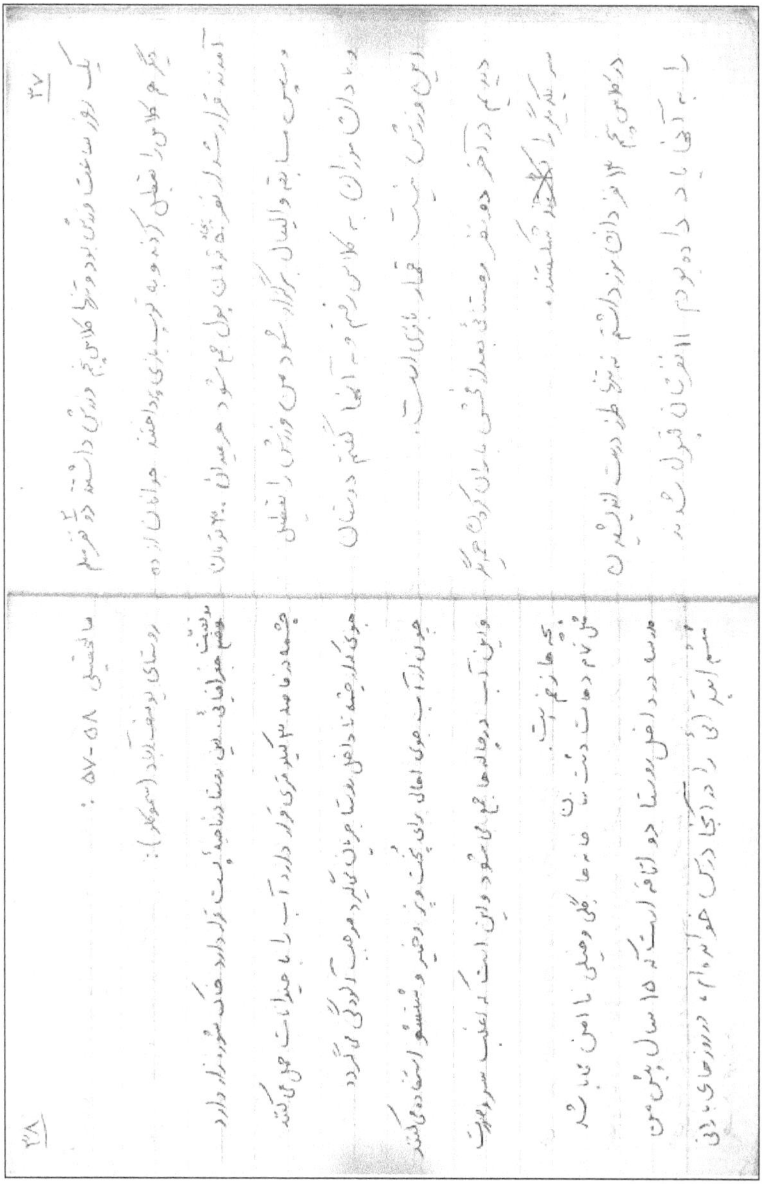

۳۷

یک روز ساعت ورزش بود و تنها کلاس پنجم ورزش داشتند دو نفر معلم
دیگر هم کلاس را تعطیل کرده و به توپ بازی پرداختند جوانان از ده
آمدند قرار شد از نفری ۵ تومان پول جمع شود هر میدان ۳۰ تومان
و سپس مسابقه والیبال برگزار شود من ورزش را تعطیل
و با دانش آموزان به کلاس رفتم و به آنها گفتم دوستان
این ورزش نیست قمار بازی است.
دیدیم در آخر دو نفر روستائی بعد از فحش باران کردن همدیگر
سر یکدیگر را شکستند.
در کلاس پنجم ۱۴ نفر دانش آموز داشتم نه تنها طرز درست اندیشیدن
را به آنها یاد داده بودم ۱۱ نفرشان قبول شدند

۳۸

سال تحصیلی ۵۸-۵۷ :
روستای یوسف‌آباد (سموکلو):
موقعیت جغرافیائی: این روستا در ناحیه پست قرار دارد خاک شوره‌زار دارد
چشمه در فاصله ۳ کیلومتری قرار دارد آب را با حیوانات حمل می‌کنند
جوی که از چشمه تا داخل روستا جریان می‌گیرد موجب آلودگی می‌گردد
چون از آب جوی اهالی برای پخت و پز و خمیر و شستشو استفاده می‌کنند
و این آب در چاله‌ها جمع می‌شود و این است که اغلب سر و صورت
بچه‌ها زخم است.
مثل تمام دهات دشتستان خانه‌ها گلی و خیلی نا امن می‌باشد
مدرسه در داخل روستا دو اتاقه است که ۱۵ سال پیش من
ششم ابتدائی را در آنجا درس خوانده‌ام، در روزهای بارانی

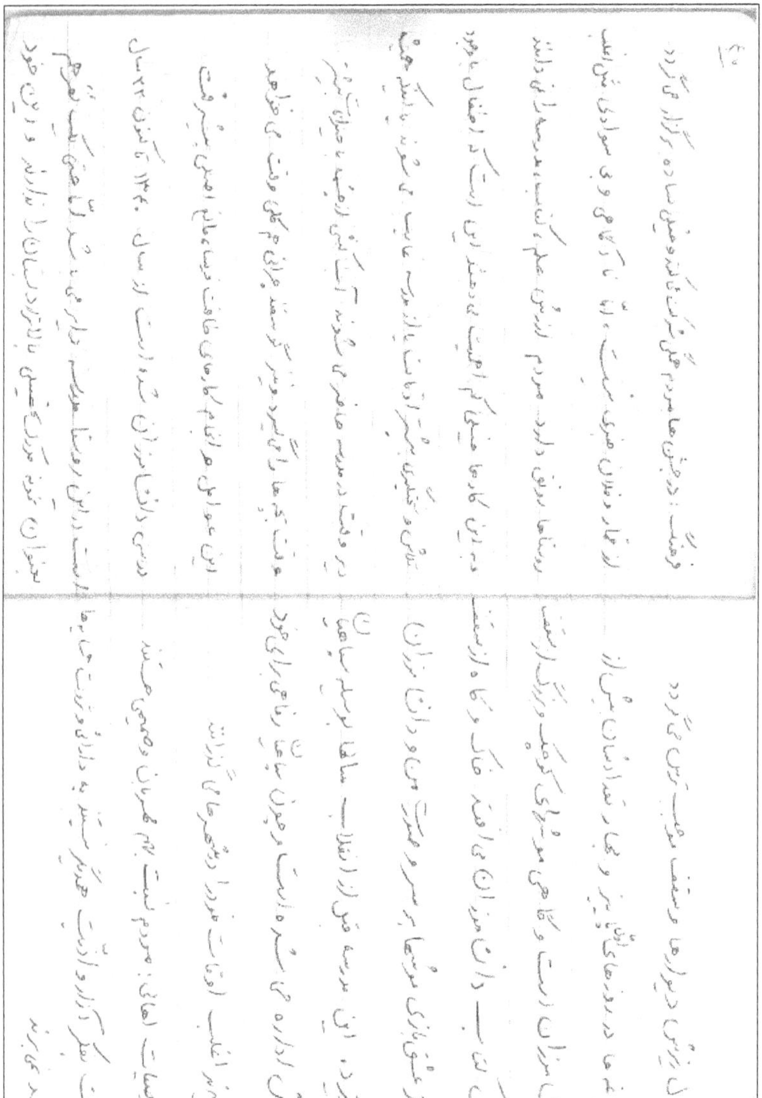

۳۹

احتمال ریزش دیوارها و سقف موجب ترس می گردد
قورباغه ها در روزهای اوّل پاییز و بهار تعدادشان بیش از
دانش‌آموزان است و گاهی موش‌های کوچک و بزرگ از سقف
روی کتاب دانش‌آموزان می افتد خاک و کاه از سقف
بر اثر عشق‌بازی موشها بر سر و صورت من و دانش‌آموزان
می‌ریزد. این مدرسه قبل از انقلاب سالها بوسیله سپاهیان(۱)
دانش اداره می شده است و چون سپاهیان(۱) رفاهی برای خود
نمی دیدند اغلب اوقات خود را در شهرها می گذرانند
خصوصیات اهالی: مردم نسبت بهم مهربان و صمیمی هستند
هیچوقت بفکر آزار و اذیت همدیگر نیستند به دارائی و ثروت همسایه‌ها
حسد نمی برند

۴۰

فرهنگ: در جشن‌ها مردم همگی شرکت می‌کنند و خیلی ساده برگزار می گردد
از قمار و غلیان خبری نیست، امّا ناآگاهی و بی سوادی مثل اغلب
روستاها رونق دارد. مردم ارزش علم، کتاب، مدرسه را نمی دانند
و به این کارها خیلی کم اهمیت می دهند این است که اطفال با وجود
تلاش و پیگیری بیشتر اوقات یا از مدرسه غایب می شوند یا اینکه همیشه
دیر وقت در مدرسه حاضر می شوند آب‌کشی از چشمه یا حیوانات بیشتر
وقت بچه‌ها را می‌گیرد و نیز گوسفند چرانی هم کلی وقت می خواهد
این عوامل و انجام کارهای طاقت فرسا، مانع اصلی پیشرفت
درسی دانش‌آموزان شده است از سال ۱۳۴۰ تاکنون ۲۲ سال
است در این روستا مدرسه دایر می شد امّا حتی یک نفر هم
بعنوان نمونه مدرک تحصیلی بالاتر از دبستان را ندارند و این خود

۴۱

نمایانگر کم اهمیت جلوه‌گر شدن علم در نظر پدر و مادرهاست
از طرفی اغلب روستائیان معتقد بسود آنی هستند مثل خرید و زدن
گوسفند کشت و کار و برداشت محصول و از این قبیل .....
ولی تحصیل علم در کشور ما هم خرج گرانی لازم دارد و هم دیر وقت
به اقتصاد خانواده‌ها کمک می‌کند و اینها باز دارنده روستازادگان
از تحصیل علم می‌باشند و نیز اکثر خانواده‌های روستائی توان تهیه مخارج
دوران دانش‌اندوزی را ندارند.
از آنجا که مشکل اصلی تمام معلمین و حتی خود روستائیان کمبود مسکن مناسب
برای سکونت و شایسته انسان است در این روستا نیز من با همین مشکل
روبرو هستم بناچار در خانه گلی که بیش از یک قرن است ساخته شده است

۴۲

سکونت می‌کنم صاحب این خانه چند سال پیش کوچ کرده است و از آن تاریخ
تا امروز کسی در این اتاق وارد نشده است به این خاطر حشرات و عنکبوت
و مارمولک و موش در آن لانه‌ها ساخته‌اند نخست لازم است با این
حیوانات وحشی مبارزه کرد تا خانه را تخلیه نمایند بنابراین مقدار کافی
د.د.ت (D.D.T) به اتاقها پاشیدیم امّا تعداد کنه‌ها زیاد است
یک شب که خوابیدم، خیلی ناراحتم کردند فردا به همسایه‌ها گفتم
فرض‌الله بهروز ۶ تا قرص داد گفت اینها را در یک طرف داخل اتاق
آتش بزن در و پنجره را محکم ببند همه آنها نابود خواهند شد بلی به کمک
همسایه‌ها تا آخر سال کنه‌ها را ریشه‌کن کردیم و از این لحاظ راحت شدم
۹ نفر دانش‌آموز کلاس پنجم دارم که حتی جمع کردن دو عدد را هم نمی‌دانند

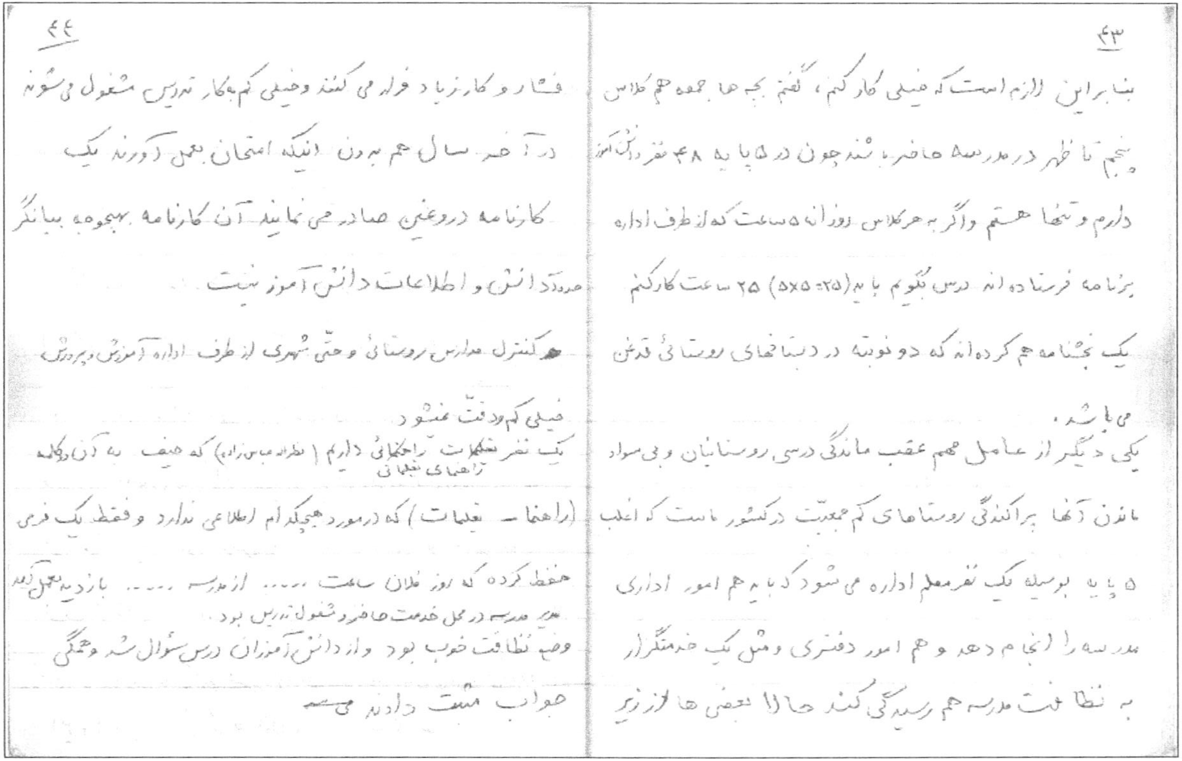

۴۳

بنا براین لازم است که خیلی کار کنم، گفتم بچه ها جمعه هم کلاس
پنجم تا ظهر در مدرسه حاضر باشند چون در ۵ پایه ۴۸ نفر دانش آموز
دارم و تنها هستم و اگر به هر کلاس روزانه ۵ ساعت که از طرف اداره
برنامه فرستاده اند درس بگویم باید (۲۵=۵×۵) ۲۵ ساعت کار کنم
یک بخشنامه هم کرده اند که دو نوبته در دبستانهای روستائی قدغن
می باشد.
یکی دیگر از عامل مهم عقب ماندگی درسی روستائیان و بی سواد
ماندن آنها پراکندگی روستاهای کم جمعیت در کشور ماست که اغلب
۵ پایه بوسیله یک نفر معلم اداره می شود که باید هم امور اداری
مدرسه را انجام دهد و هم امور دفتری و مثل یک خدمتگزار
به نظافت مدرسه هم رسیدگی کند حالا بعضی ها از زیر

۴۴

فشار و کار زیاد فرار می کنند و خیلی کم به کار تدریس مشغول می شوند
در آخر سال هم بدون آنکه امتحان بعمل آورند یک
کارنامه دروغین صادر می نمایند آن کارنامه بهیچوجه بیانگر
حدود دانش و اطلاعات دانش آموز نیست
کنترل مدارس روستائی و حتی شهری از طرف اداره آموزش و پرورش
خیلی کم دقت میشود
یک نفر تعلیمات راهنمائی دارم (نظرالله عباس زاده) که حیف به آن دو کلمه
راهنمای تعلیماتی
(راهنما ـ تعلیمات) که در مورد هیچکدام اطلاعی ندارد و فقط یک فرمی
حفظ کرده که روز فلان ساعت ...... از مدرسه ...... بازدید بعمل آمد
مدیر مدرسه در محل خدمت حاضر و مشغول تدریس بود.
وضع نظافت خوب بود و از دانش آموزان درس سؤال شد و همگی
جواب مثبت دادند

۴۵

می بینیم در این بازدید آقای راهنمای تعلیماتی که بطور تلگرافی راه‌دو
نوشته می‌شود از راهنمائی و تعلیمات هیچ خبری نیست
همین آقای راهنما برای خود مرکزی تعیین کرده است که باید
روستاهای همجوار دفتر بازدید را بردارند و به آن روستا
(سمکلوی علیا) ببرند و در آن مدرسه برای تمام مدارس دیگر
بازدید نوشته شود باید گفت که نه این آقا معلم راهنمای انقلاب است
و نه آن معلمانی که دفاتر بازدید را زیر بغل کرده و در آن روستا جمع
می‌شوند مدرسه را تعطیل می‌کنند اینها هنوز رهروان طاغوت هستند و نمی‌خواهند
برای انقلاب اسلامی ما آینده سازانی با سواد و جامعهٔ آگاه
تربیت شوند با آنکه هنوز ۲ سال از انقلاب خونین می‌گذرد
این آقایان فرهنگ طاغوتی را هنوز حفظ می‌کنند

۴۶

یک روز بمن خبر رسید (وسیلهٔ یکی از روستائیان) آقای راهنما سفارش داد
به معلم ده بگوئید:
دفتر بازدید را بردارد و به روستای سمکلوی علیا تشریف بیاورد
روز شنبه است و من از کلاس پنجم ابتدائی یک ماه اول پائیز
خوانده‌ام آزمایش بصورت کتبی می‌کنم (۵۸،۷،۲۹) گفتم نه لازم
نیست. بعد از ظهر همان روز آقای راهنما سر و کله‌اش پیدا شد
بطوری که قبلاً از وضع مدرسه‌ام صحبت کردم، خاک و گاه از سقف
و دیوارها و از کف اتاق‌ها می‌بارید آقای راهنما بعد از سلام و علیک
دفتر را خواست و چند کلمه‌ای چنین نوشت روز .... شنبه ...
از مدرسه یوسف‌آباد بازدید شد آقای جوانشیر در محل حاضر بود
وضع نظافت خوب نبود.
گفتم اگر دفتر را به آن روستا می‌آوردم آن وقت وضع نظافت خوب می‌شد

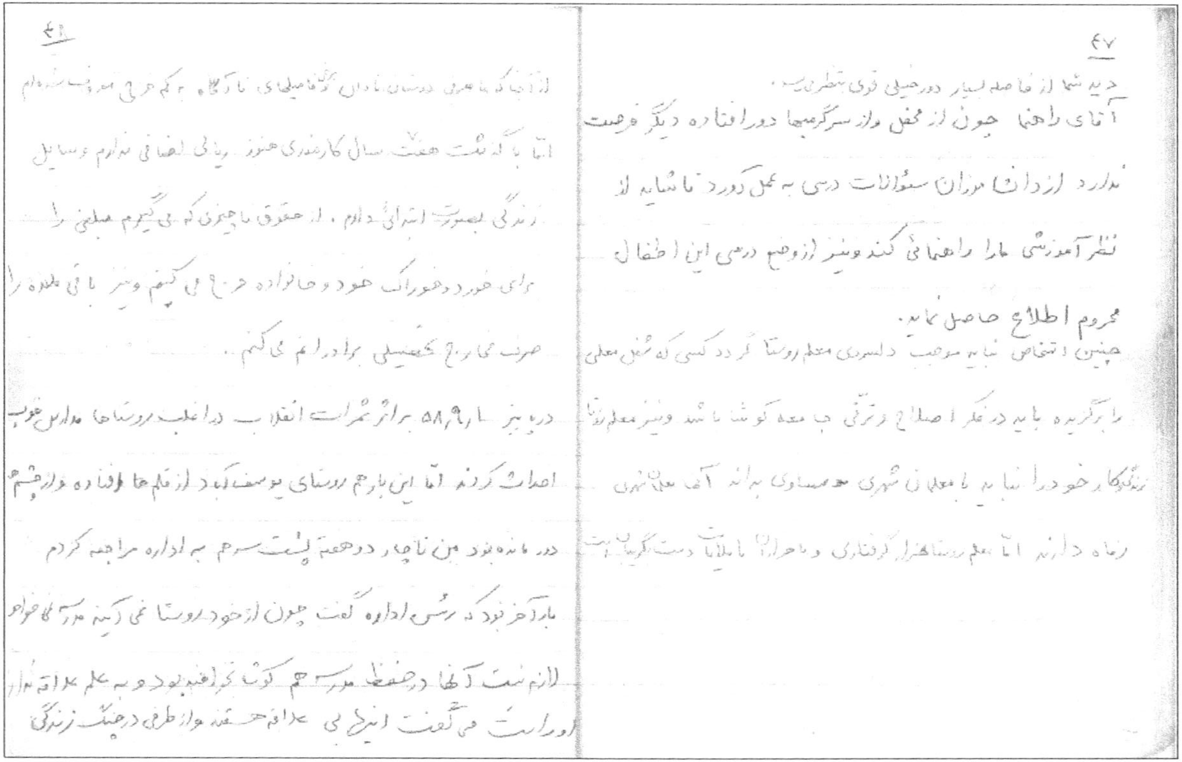

۴۶

از آنجا که با همه دوستان نادان فامیلهای ناآگاه و کم خرجی معروف شده‌ام
امّا با گذشت هفت سال کارمندی هنوز ریالی اضافی ندارم و وسایل
زندگی بصورت اشتراکی دارم. از حقوق ماهیانه که می‌گیرم مبلغی را
برای خورد و خوراک خود و خانواده خرج می‌کنم و نیز باقی مانده را
صرف مخارج تحصیلی برادرانم می‌کنم.
در پاییز ۵۸،۹،۱ بر اثر ثمرات انقلاب در اغلب روستاها مدارس خوب
احداث کردند امّا این بار هم روستای یوسف‌آباد از قلم‌ها افتاده و از چشم
دور مانده بود من ناچار در هفته پشت سرهم به اداره مراجعه کردم
بار آخر بود که رئیس اداره گفت چون از خود روستا نمی‌آیند مدرسه را نخواهد
لازم نیست آنها در حفظ مدرسه هم کوشا نبوده‌اند و به علم علاقه ندار
ند راست می‌گفت اینها بی علاقه هستند و از طرفی در جنگ زندگی

۴۷

دیده شما از فاصله بسیار دور خیلی قوی بنظر می‌رسد.
آقای راهنما چون از محفل و از سرگرمیها دور افتاده دیگر فرصت
ندارد از دانش‌آموزان سؤالات درسی به عمل آورد تا شاید از
نظر آموزشی ما را راهنمائی کند و نیز از وضع درسی این اطفال
محروم اطلاع حاصل نماید.
چنین اشخاص نباید موجب دلسردی معلم روستا گردد کسی که شغل معلمی
را برگزیده باید در فکر اصلاح و ترقی جامعه کوشا باشد و نیز معلم روستا
زندگی خود را نباید با معلمان شهری هم مساوی بداند آنها معلمان شهری
رفاه دارند امّا معلم روستا هزار گرفتاری و ما هزاران ما ملایا دست گریبانیم

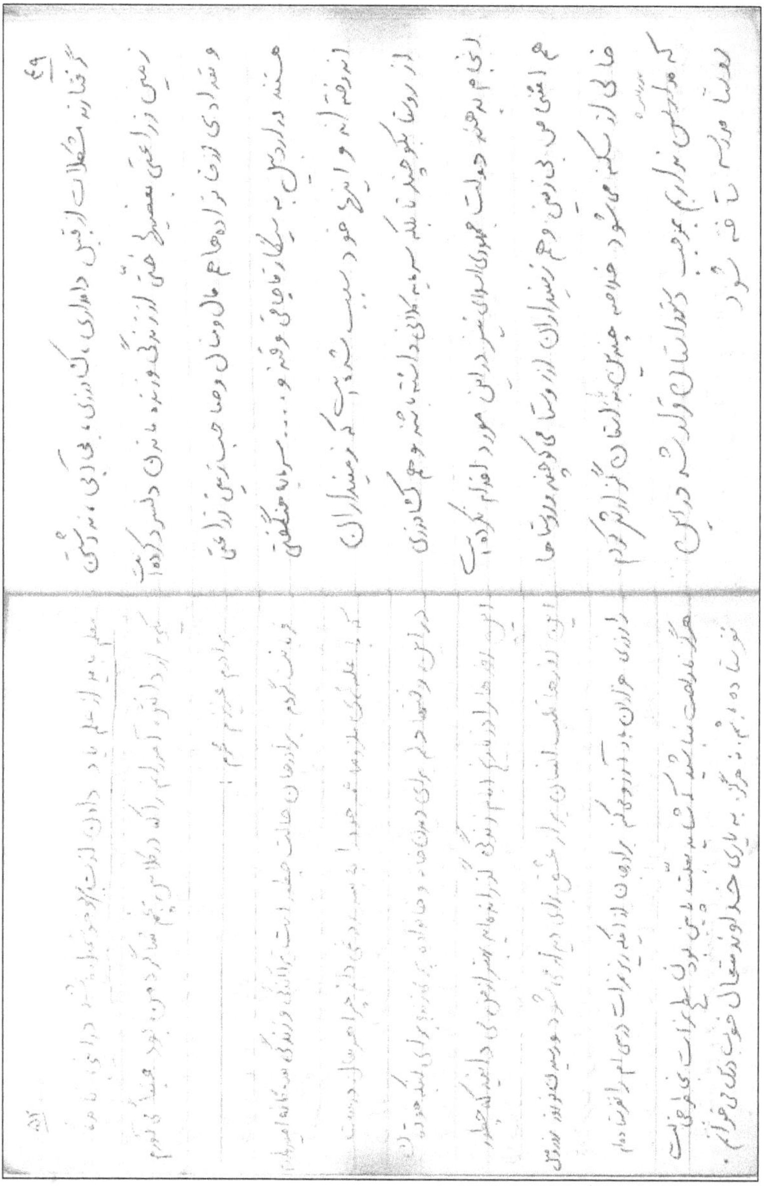

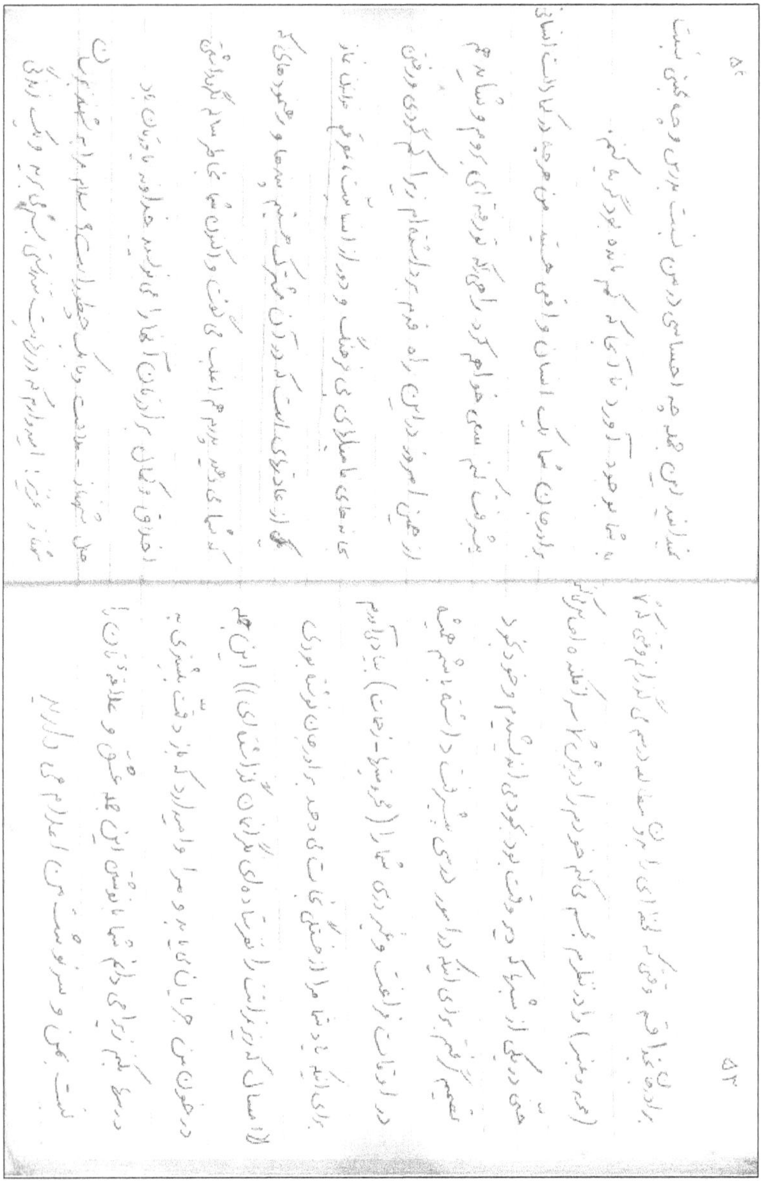

۵۳

برادرجان بخدا قسم وقتی که لحظه ای را به مطالعه درسم می گذرانم وقتی که ۷
(حمیده و عنبر) را در نظرم مجسم می کنم خودم را در پیش ۷ سرافکنده احساس می کنم
حتی در یکی از شبها که دیر وقت بود کود می اندیشیدم و خودبخود
تصمیم گرفتم برای اینکه در امور درسی پیشرفت داشته باشم همیشه
در اوقات فراغت و غیر درسی شما را (محرومیتها - زحمات) بیاد می آوردم
برای اینکه یاد شما مرا از خستگی نجات می دهد برادرجان نوشته بودی
((امسال که ریز نمراتت را نفرستاده ای نگرانمان گذاشته ای)) این جمله
در خون من جریان می یابد و مرا وامیدارد که باز دقت بیشتری به
درسم بکنم زیرا می دانم شما با نوشتن این جمله عشق و علاقه تان را
نسبت بمن و سرنوشت من اعلام می دارید

۵۴

نمیدانید این جمله چه احساسی در من نسبت بدرس و چه [illegible] نسبت
به شما بوجود آورد تا آنجا که کم مانده بود گریه کنم.
برادرجان شما یک انسان واقعی هستید من هرچه در کمالات انسانی
پیشرفت کنم سعی خواهم کرد راهی که تو رفته ای بروم و شاید هم
از همین امروز در این راه قدم برداشته ام زیرا کم گویی و رفتن
[illegible] های ما [illegible] بی فرهنگ و دور از انسانیت، موقع خواندن نماز
یکی از عادتهای است که در آن مشترک هستیم پندها و رهنمودهای که
که شما می دهید پدرم هم اغلب می گفت و اکنون شما بخاطر سالم نگهداشتن
اخلاق و کمال برادرتان آنها را می نویسید خداوند یاورتان باد
حال شهناز - سلامت و بابک چطور است؟ سلام مرا به شهناز برسان
شهناز عزیز! امیدوارم که در رشته تندرستی بسر ببرید و یک زندگی

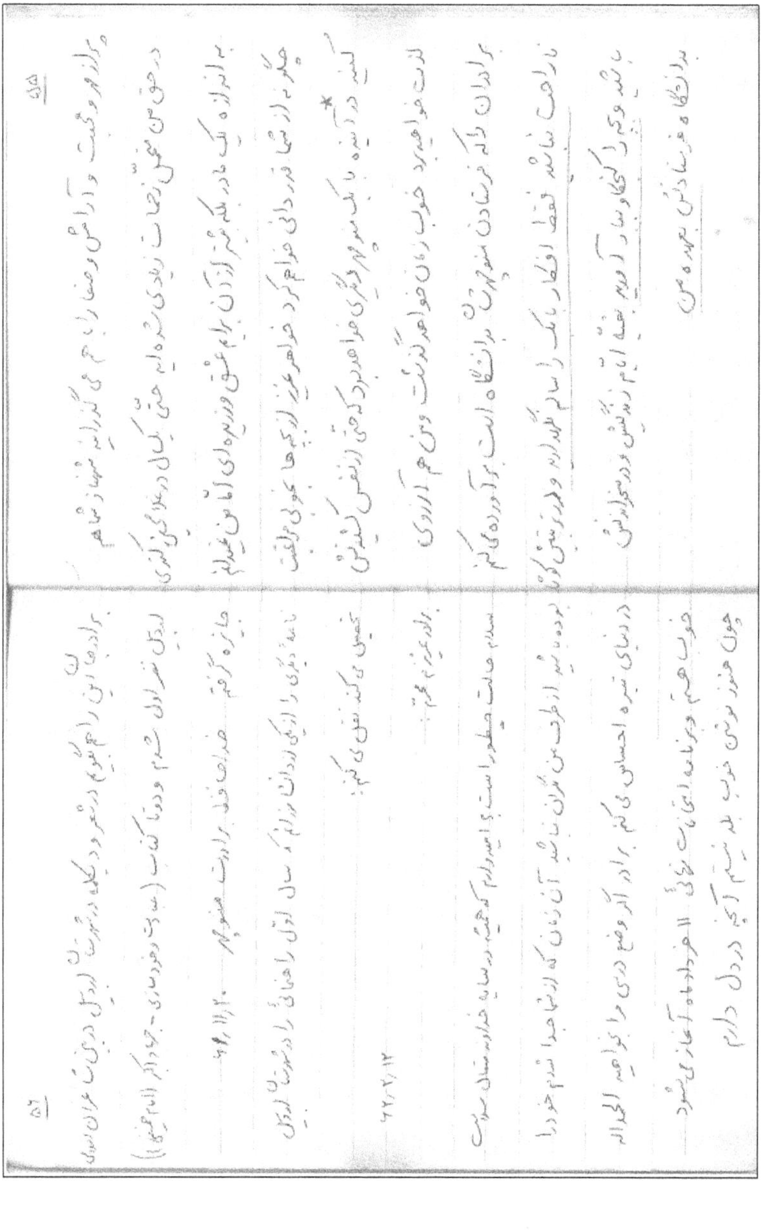

۵۵

پر از مهر و محبت و آرامش و صفا را با هم می گذرانیم شما هم
در حق من متحمل زحمات زیادی شده اید حتی یکسال در علافی گذری
به اندازه یک مادر بلکه بیشتر از آن برایم عشق ورزیده ای اما من نمیدانم
چگونه از شما قدردانی خواهم کرد خواهر عزیز از بچه ها بخوبی مراقبت
کنید * در آینده با یک منوچهر دیگری خواهد بود که حتی از نفس کشیدنش
لذت خواهید برد خوب زمان خواهد گذشت و من هم آرزوی
برادران را که فرستادن منوچهر به دانشگاه است برآورده می کنم
ناراحت نباشید فقط افکار بابک را سالم نگهدارید و در تربیتش کوشا
باشید و بچه را کنجکاو بار آورید بقیه ایام زندگیش و درس خواندنش
به دانشگاه فرستادنش بعهده من

۵۶

برادر جان این را هم بگویم در شعر و دیکلمه در شهرستان اردبیل در بین شاعران استان
اردبیل نفر اول شدم و دوتا کتاب (عبادت و خودسازی - جهاد اکبر (امام خمینی))
جایزه گرفتم خداحافظ برادرت منوچهر ۶۱/۱۱/۲۰
نامه دیگری را از یکی از دانش آموزانم که سال اول راهنمائی را در شهرستان اردبیل
تحصیل می کند نقل می کنم:
۶۲/۲/۱۲
برادر عزیزم محترم:
سلام حالت چطور است؟ امیدوارم که همیشه در سایه خداوند متعال سلامت
بوده باشید از طرف من نگران نباشید آن زمان که از شما جدا شدم خود را
در دنیای تیره احساس می کنم برادر اگر وضع درسی مرا بخواهید الحمدالله
خوب هستم و برنامه امتحانات نهائی ۱۱ خردادماه آغاز می شود
چون هنوز نوشتن خوب بلد نیستم آنچه در دل دارم

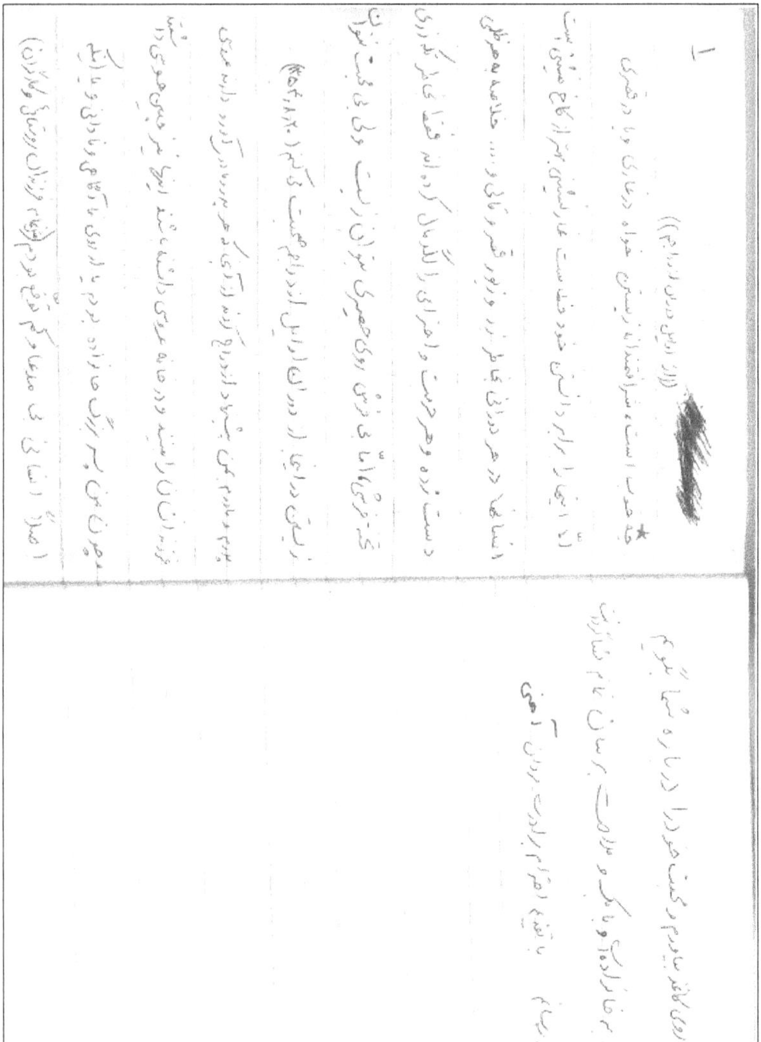

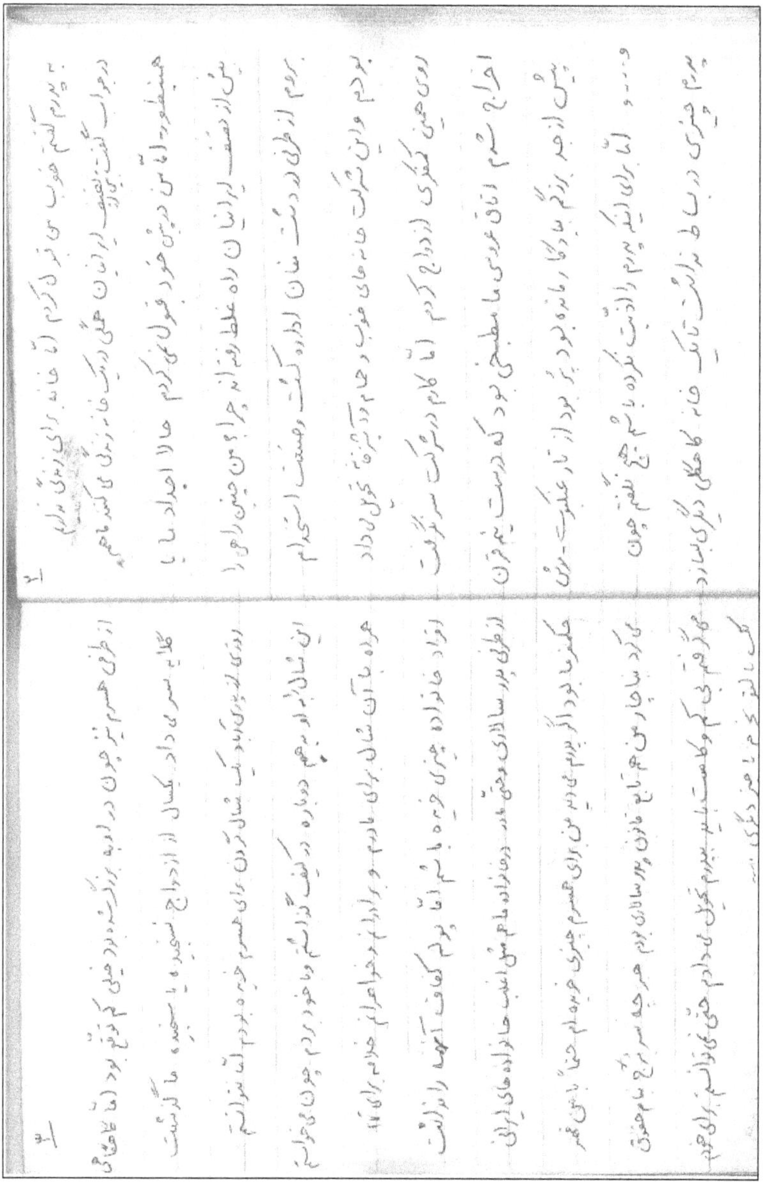
۲
به پدرم گفتم خوب من قبول کردم امّا خانه برای زندگی ندارم
درجواب گفت بیش از نصف ایرانیان همگی در یک خانه زندگی می کنند ما هم
همینطور. امّا من در پیش خود قبول نمی کردم حالا اجداد ما یا
بیش از نصف ایرانیان راه غلط رفته اند چرا؟ من چنین راهی را
بروم از طرفی در دشت مغان اداره کشت وصنعت استخدام
بودم واین شرکت خانه های خوب و حمام و آشپزخانه تحویل می داد
روی همین کمفکری ازدواج کردم امّا کارم در شرکت سرنگرفت
اخراج شدم اتاق عروسی ما مطبخی بود که درست نیم قرن
پیش از جد بزرگم بیادگار مانده بود پُر بود از تار عنکبوت ـ موش
و... و... امّا برای اینکه پدرم را اذیت نکرده باشم هیچ نگفتم چون
پدرم چیزی در بساط نداشت تا یک خانه کاهگلی دیگری بسازد

۳
از طرفی همسرم نیز چون در ده بزرگ شده بود خیلی کم توقع بود امّا گاهگاهی
گلایه سر می داد. یکسال از ازدواج نسنجیده یا سنجیده ما گذشت
روزی که بیرون آمدم یک شال گردن برای همسرم خریده بودم امّا نتوانستم
این شال را به او بدهم دوباره در کیف گذاشتم و با خود بردم چون می خواستم
همراه با آن شال برای مادرم و برادرانم و خواهرانم خلاصه برای تمام
افراد خانواده چیزی خریده باشم امّا پولم کفاف آنهمه را نداشت
از طرفی پدرسالاری و حتّی مادر در خانواده ما هم مثل اغلب خانواده های ایرانی
حکمفرما بود اگر پدرم می دید من برای همسرم چیزی خریده ام حتماً با من قهر
می کرد ناچار من هم تابع قانون پدرسالاری بودم هر چه سر برج بابت حقوق
می گرفتم بی کم وکاست باید به پدرم تحویل می دادم حتّی نمی توانستم برای خودم
یک پالتو بخرم یا چیز دیگری ...

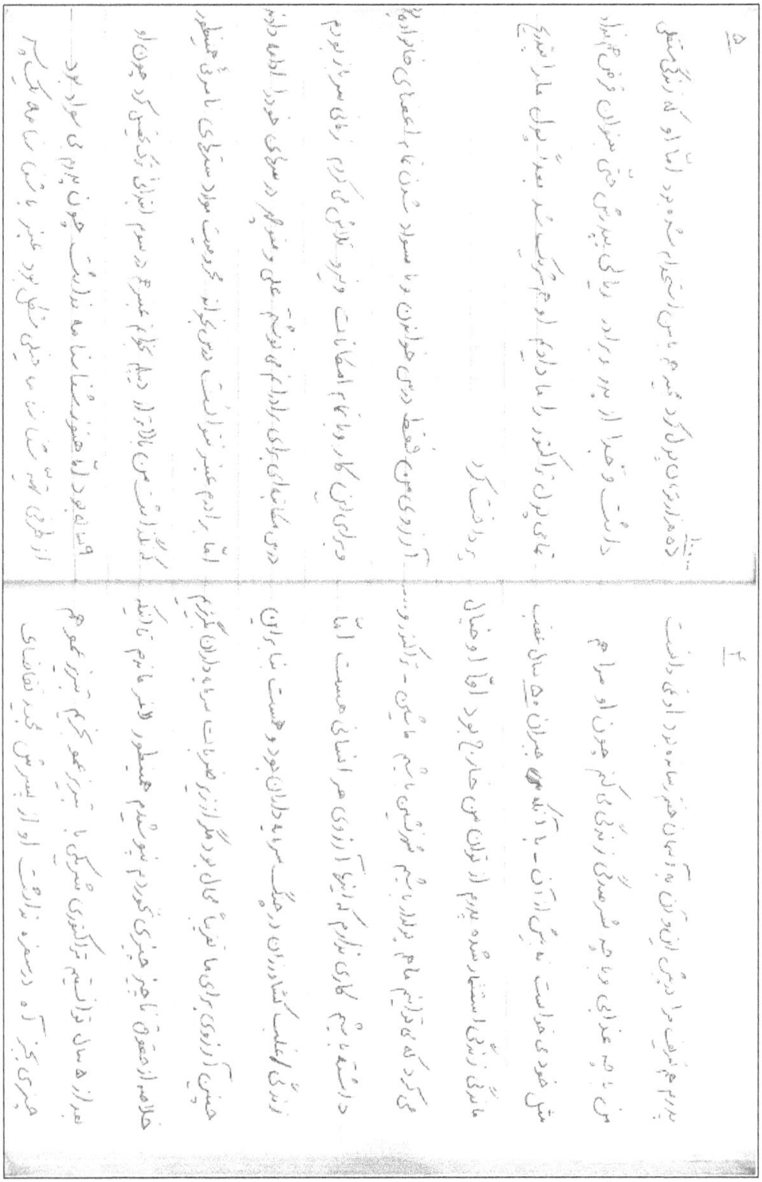

۴

پدرم هم تعریف مرا در پیش این و آن به آسمان هفتم رسانده بود او می دانست
من با چه عذابی و با چه شرمندگی زندگی می کنم چون او مرا هم
مثل خود می خواست نه بیش از آن - با آنکه من جبران ۵۰ سال عقب
ماندگی زندگی استثمارشده پدرم از توان من خارج بود امّا او خیال
می کرد که می توانم مانند پولدار باشم شهرنشین باشم ماشین - تراکتور و...
داشته باشم کاری ندارم که اینها آرزوی هر انسانی هست امّا
زندگی اغلب کشاورزان در چنگ سرمایه داران بود و هست بنابراین
چنین آرزوی برای ما تقریباً محال بود مگر از زیر ضربات سرمایه داران بگریزیم
خلاصه از حقوق ناچیز چیزی نخوردم نپوشیدم همینطور لاغر ماندم تا اینکه
بعد از ۵ سال توانستیم تراکتوری شریکی با تبریز عمو کریم تبریز عمو هم
چیزی بجز آنچه در سفره نداشت او از پسرش مجید تقاضای

۵

ده هزار تومان پول کرد مجید هم تازه استخدام شده بود امّا او که زندگی مستقل
داشت و جدا از پدر و برادر ریالی بپدرش حتی بعنوان قرض هم نداد
تمامی پول تراکتور را ما دادیم او هم شریک شد بعداً پول ما را بتدریج
پرداخت کرد

آرزوی من فقط درس خواندن و با سواد شدن تمام اعضای خانواده‌ام
و برای این کار و با تمام امکانات و نیرو تلاش می کردم زمانی سرباز بودم
درس مکاتبه‌ای برای برادرانم می نوشتم علی و منوچهر درسهای خود را ادامه دادند
امّا برادرم عنبر نتوانست درس بخواند محرومیت مواد ستراژی نامرئی همینطور
که نگذاشت من بالاتر از دیپلم بخوانم عنبر هم در سوم ابتدائی ترک تحصیل کرد چون او
۹ ساله بود امّا هنوز شناسنامه نداشت چون پدرم بی سواد بود
از طرفی تهیه شناسنامه خیلی مشکل بود عنبر با شناسنامه یک پسر

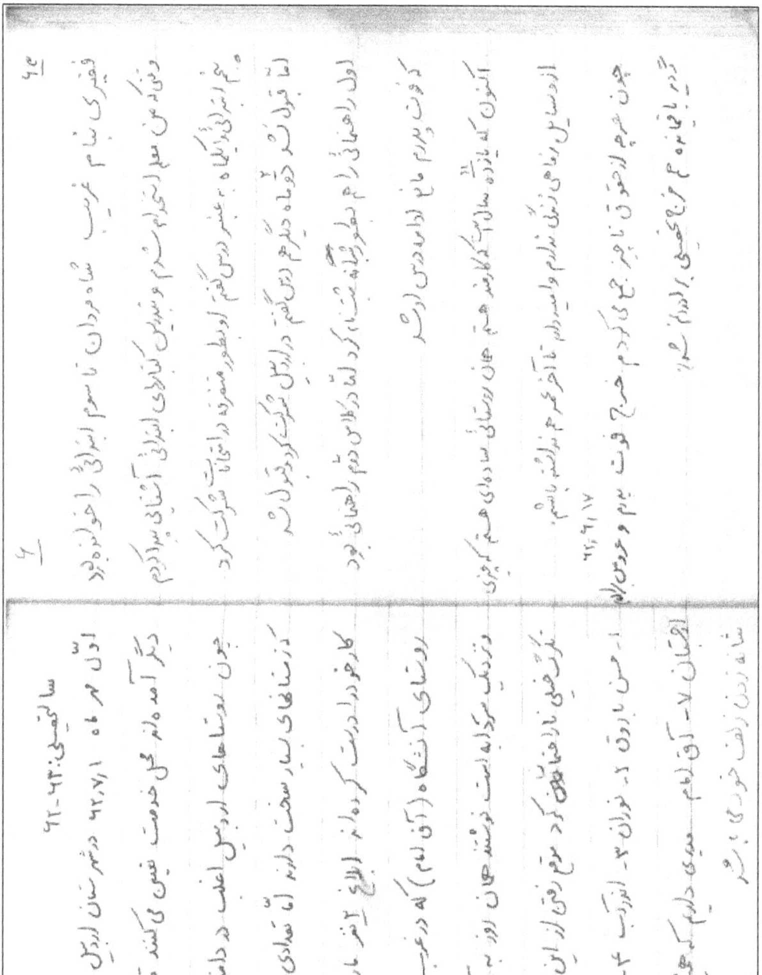

۶۵

قفیری بنام غریب شاه‌مردان تا سوم ابتدائی را خوانده بود
وقتی که من معلم استخدام شدم و تدریس کلاسهای ابتدائی آشنائی پیدا کردم
پنجم ابتدائی را کلاه به عشیر درس گفتم او بطور متفرقه در امتحانات شرکت کرد
اما قبول نشد دو ماه دیگر هم درس گفتم در اردبیل شرکت کرد و قبول شد
اول راهنمائی را هم بطور شبانه شرکت کرد اما در کلاس دوم راهنمائی بود
که فوت پدرم مانع ادامه درس او شد
اکنون که یازده سال است که کارمند هستم همان روستائی ساده‌ای هستم که چیزی
از وسایل رفاهی زندگی ندارم و امیدوارم تا آخر عمرم هم نداشته باشم.
۶۲/۶/۱۷
چون خرجم از حقوق ناچیز جمع می‌کردم خرج فوت پدرم و عروسی را
گردن باقیمانده هم خرج تحصیلی برادرانم شود

۶

۶۶

سال تحصیلی: ۶۳-۶۲
اول مهر ماه ۶۲/۷/۱ در شهرستان اردبیل برای معلمانی که از شهرهای
دیگر آمده‌اند محل خدمت تعیین می‌کنند قلب ۱۶۲ نفر نگران است
چون روستاهای اردبیل اغلب در دامنه‌های کوه سبلان قرار دارند
که زمستانهای بسیار سخت دارند اما تعدادی از معلمان بطور پنهانی
کار خود را درست کرده‌اند ابلاغ ۲ نفر ما را به دبستان بابک خرمدین
روستای آتشگاه (آق امام) که در غرب اردبیل در دامنه کوه سبلان
و نزدیک سرعین است نوشتند همان روز به آن روستا رفتم اما در راه
نگرانی خیلی ناراحتمان کرد موقع رفتن از این روستاها گذشتیم
۱- حسن باروق ۲- نوران ۳- اندزآب ۴- دره‌آباد ۵- کلور ۶-
الحجان ۷- آق امام عیدی دارم که همیشه شانه بدست و مشغول
شانه زدن زلف خودش باشد

۶۵
در این مدرسه ۷ نفر معلم از سال گذشته مشغول بوده‌اند که یکی از آنها
بنام صالح ابراهیمی شاهد به جبهه جنگ رفته و شهید شده است
اکنون ۲ کلاس پسرانه و یک کلاس اول دخترانه داریم
هیچیک از معلمان حاضر نیستند به کلاس اول بروند من کلاس
اول پسرانه (الف) را قبول کردم آن ۲ کلاس دیگر هنوز معلم ندارند
اداره هم در این مورد بی تفاوت مانده است پدر و مادر دانش آموزان
چنان اسیر جنگ زندگی هستند که هیچکدام علاقه ندارند که فرزندانشان
به مدرسه بروند اغلب نمی توانند وسایل تحصیل آنها را تهیه کنند چون
قیمت دفتر و ... خیلی بالا رفته است.
در محل دبستان برای کلاس ها جا نیست در خانه یکی از روستائیان
۶۶
که تنورخانه است کلاس تشکیل داده ام این جا شب ها تنور
روشن می کنند نان می پزند روزها هم من کلاس درس تشکیل می دهم
در کلاس تشت بزرگ - الک - کوزه های گندم وجو ظروف های
پر از نفت و یک تنور بزرگ در وسط اتاق وجود دارد.
گاهی مداد یا دفتر و یا کتاب بچه ها به تنور می افتد چون دستشان
به ته آن نمی رسد خودم آنها را از تنور بیرون می آورم.
نور کافی بداخل کلاسها نمی رسد چون پنجره ندارد. حالا که صحبت از جمعیت
مدرسه و بچه ها است باید بگویم که از ۴۲ نفر کلاس اول ۷ نفرشان پدر ندارند و خیلی
نامرتب بمدرسه می آیند و لباس خوب هم ندارند، چون از مادر بدبخت متولد شده اند
اینها سازندگان جامعه فردا خواهند بود که پایه های آن کج و معوج خواهد بود

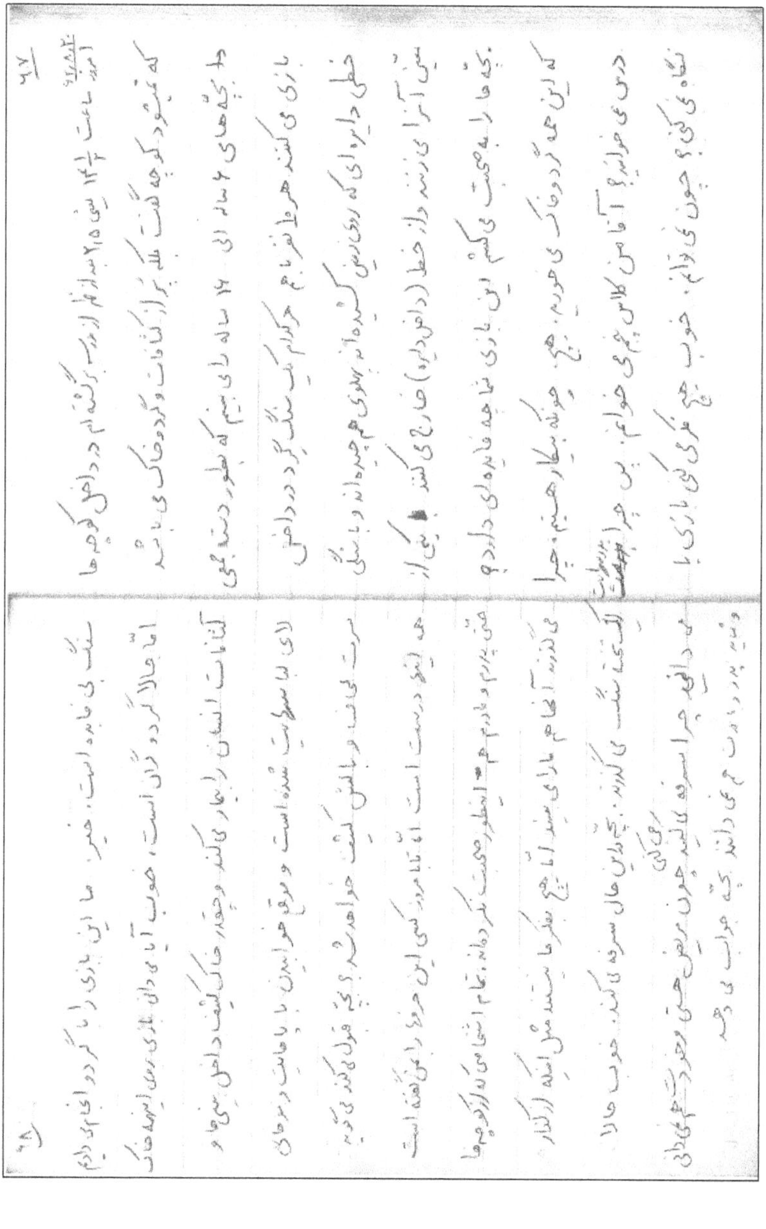

۶۷

۶۲/۸/۲۰
امروز ساعت ۱۴½ یعنی ۲/۵ بعدازظهر از مدرسه برگشته‌ام در داخل کوچه‌ها
که نمی‌شود کوچه گفت بلکه پر از کثافات و گرد و خاک می‌باشد
دها بچه‌های ۶ ساله الی ۱۴ ساله را می‌بینم که بطور دسته‌جمعی
بازی می‌کنند هر ۵ نفر با هم هرکدام یک سنگ گرد در داخل
خطی دایره‌ای که روی زمین کشیده‌اند پهلوی هم چیده‌اند و با سنگی
سنگ آنرا می‌زنند و از خط (داخل دایره) خارج می‌کنند. یکی از
بچه‌ها را به صحبت می‌کشم این بازی شما چه فایده‌ای دارد؟
که این همه گرد و خاک می‌خورید. هیچ. چونکه بیکار هستیم. چرا
درس نمی‌خوانید؟ آقا من کلاس پنجم می‌خوانم. پس چرا بدرسهایت
نگاه نمی‌کنی؟ چون نمی‌توانم. خوب هیچ فکر می‌کنی بازی با

۶۸

سنگ بی فایده است. خیر. ما این بازی را با گردو انجام می‌دادیم
اما حالا گردو گران است. خوب آیا می‌دانی بازی روی اینهمه خاک
کثافات انسان را بیمار می‌کند و چقدر خاک کثیف داخل بینی‌ها و
لای لباسهایت شده است و موقع خوابیدن با لباسهایت و سرهای
سرت می‌خوابی و بالش کثیف خواهد شد؟ بچه قبول می‌کند می‌گوید
همه اینها درست است اما تا امروز کسی این حرفها را به من نگفته است
حتی پدرم و مادرم هم اینطور صحبت نکرده‌اند. تمام اشخاصی که از کوچه‌ها
می‌گذرند آنها هم ما را می‌بینند اما هیچ بفکر ما نیستند مثل اینکه از کنار
لگدکوب سنگ می‌گذرند. بچه در این حال سرفه می‌کند. خوب حالا
می‌دانی چرا سرفه می‌کنی چون مریض هستی و خودت هم نمی‌دانی
و شاید پدر و مادرت هم نمی‌دانند بچه جواب می‌دهد

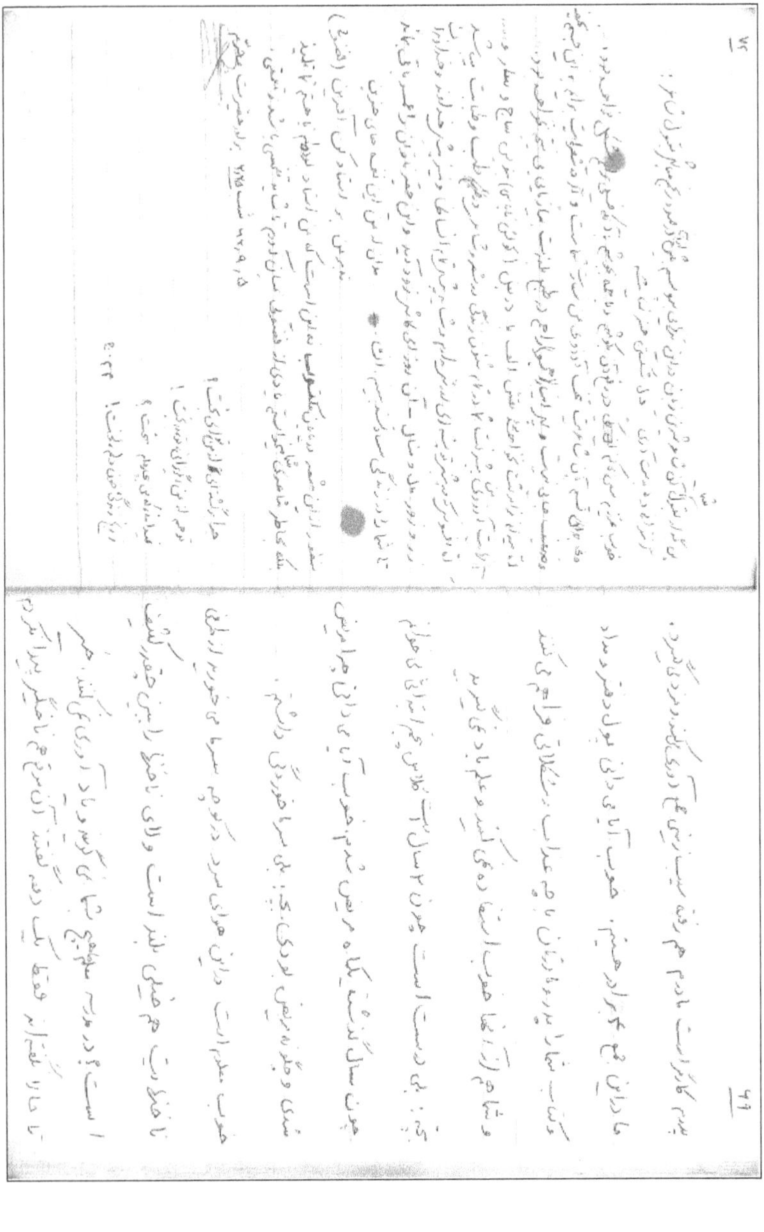

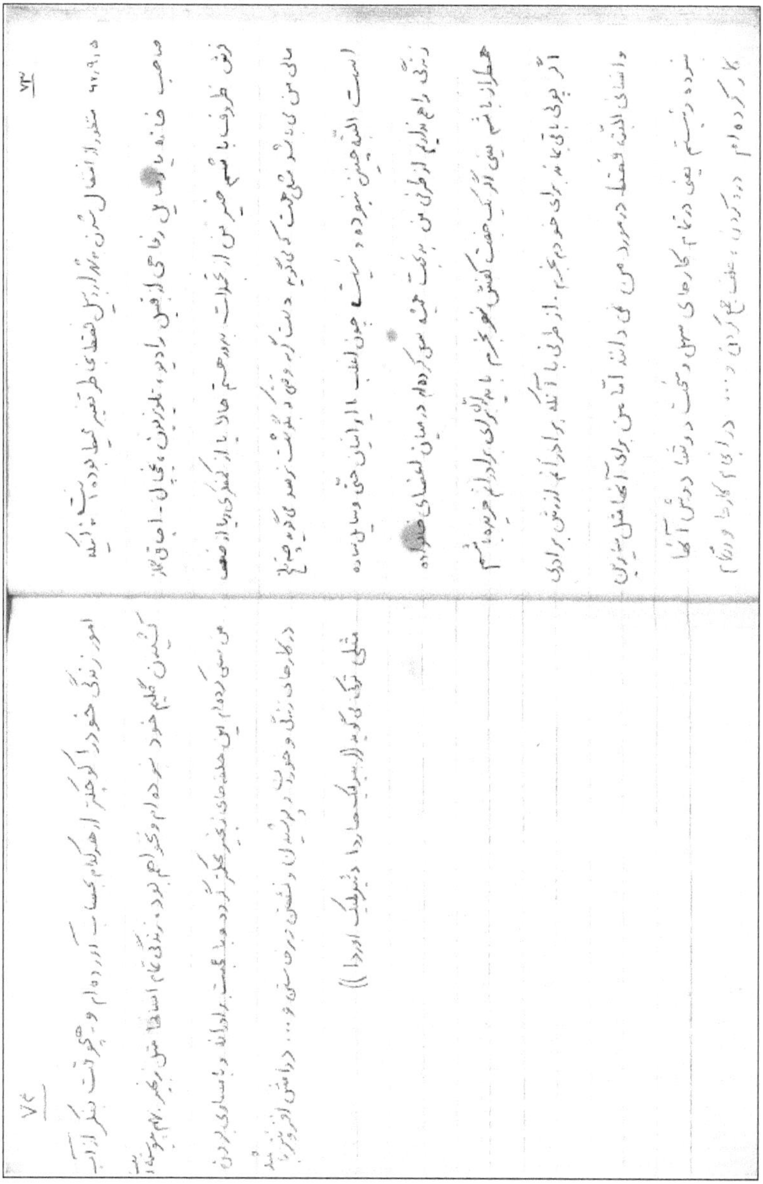

۷۳

۶۲،۹،۵ منظور از اضافه شدن مقدار ریال نقطه نظر تغییر فیلط بوده است نه اینکه
صاحب خانه با وسایل رفاهی از قبیل رادیو، تلویزیون، یخچال - اجاق گاز
فرش ظروف باشم خیر من از تجملات بدور هستم حالا یا از کمفکری و یا از ضعف
مالی من می‌باشد مثلی هست که می‌گوید دست گربه وقتی به گوشت نرسد می‌گوید چه تلخ
است البته چنین نبوده و نیست چون اغلب ایرانیان حتی وسایل ساده
زندگی را هم نداریم از طرفی من به‌کلی همیشه سعی کرده‌ام در میان اعضای خانواده
همطراز باشم یعنی اگر یک جفت کفش نو بخرم باید اول برای برادرانم خریده باشم
اگر پولی باقی ماند برای خودم بخرم. از طرفی با آنکه برادرانم ارزش برادری
و انسانی البته فقط در مورد من نمی‌دانند اما من برای آنها مثل مادری
نبوده و نیستم یعنی در تمام کارهای سهل و سخت دوشادوش آنها
کار کرده‌ام درو کردن، علف جمع کردن و ... در اینجا کارها و [illegible]

۷۴

امور زندگی خود را کوچکتر از هر کدام بحساب آورده‌ام و هیچوقت بفکر از آب
کشیدن گلیم خود نبوده‌ام و نخواهم بود. زندگی تمام انسانها مثل زنجیر بهم پیوسته است
من سعی کرده‌ام این حلقه‌های زنجیر محکمتر گردد و با گفتن برادرانه و با مساوی کردن
در کارهای زندگی و خوردن و پوشیدن و نشستن در هر شرایطی و ... در واقع افزوده شد
مثلی ترکی می‌گوید ((بیرلیک هاردا دیریلیک اوردا))

۲۵

۱۳۶۴/۹/۱۸

ساعت ۷ شب پاییز هوا تاریک است و سرد ، در شهر کار داشتم و موقع
به خانه برمی‌گشتم در انتهای خاتم الانبیاء در کنار مسجد امیرالمومنین پیرمردی
کز کرده است مثل اینکه منتظر چیزی یا کسی هست. پرسیدم عمو سلام علیکم
چرا اینجا ایستاده‌ای؟ گفت: می‌خواهم به سلمان آباد بروم اما از سگها
می‌ترسم. گفتم بیا باهم برویم. با پیرمرد سرصحبت را باز کردم گفتم چه
کار داشتی که دیر برگشته‌ای گفت: پیش یک نفر معمار در [illegible]
کار می‌کردم. پیرمرد هشتاد ساله بنظر می‌رسد و خیلی شکسته است
مشکل می‌تواند در فاصله تاریک سلمان آباد و شهر راه برود.
گفتم عمو [illegible] زندگی داشتند. گفت: [illegible] ، پس چرا کوچ
کردی؟ گفت زمین زراعتی داشتم [illegible] همه [illegible]
[illegible]

[illegible]
درستی و راستی جواب دهیم تا به تمام حقیقت و تمام دروغ پی برد. [illegible]
[illegible]

[illegible]

• قایناقلار

» Andriyenko, Olena. "The Dhofar Rebellion (1963-1976) as the Final Stage of Sultan Said Bin Taimur's Policy." *Paradigm of Knowledge*. no. 4-42 (2020).

» Axundov, Ağamusa və Əliheydər Orucov. "Dövlət- Hökumət." *In Azərbaycan Dilinin İzahlı Lüğəti*, 1 və 2:689, 400. Bakı: Şərq-Qərb, 2006.

» Azərbaycan dilinin Orfoqrafiya Normaları: *Azərbaycan Respublikası Nazirlər Kabinetinin Qərarı*, 16 aprel 2019. Əldə edildiyi tarix 3 mart, 2024. https://shorturl.at/KIpzx

» Bryant, Carter Harrison, II. "Reza Baraheni's "The Infernal Days of Aqa-ye Ayaz: A Translation and Critical Introduction (Iran)." PhD diss., The University of Texas at Austin, 1982.

» Fass, Paula S. "The Memoire Problem," *Reviews in American History* vol. 34, no. 1 (March 2006): 107-123.

» Heyet, M. Rıza. "19. Yüzyıldan Günümüze İran'da Türkçe Basın-Yayın Hayatı." Yüksek lisans tezi, Ankara Üniversitesi Sosyal Bilimler Enstitüsü, 2005.

» Ibrahim Savalan (@ibrahimsavalan), " ارشه یا ارشق منطقەای بە وسعت دوهزار کیلومترمربع میان مشکین، اردبیل و مغان است," Telegram, August 12, 2021, 6:15 a.m., https://t.me/ibrahimsavalan.

» Javanshir, Lale. "History and Literature Interwoven Yet Distinct: The Paşanāme, a Seventeenth-Century Ottoman Turkish Mesnevī on Conflicts in Rumelia and the Northern Black Sea Region." ProQuest Dissertations Publishing, 2020.

» Javanshir Ghojehbiglou, Zhaleh. "The Rites of Passage in Shahsevan Nomads of Moghan Plain." MA thesis, Yeditepe University, 2024.

» Khaze Shahgoli, Nasser ve Valiollah Yaghoobi. *İran'da Türkçe Yer Adları: Batı Azerbaycan, Doğu Azerbaycan, Erdebil ve Zengan Vilayetleri Yerleşim Yeri Adları (Oykonimler)*. İstanbul: Ötüken Neşriyat

A.Ş., 2022.

» Khkimova, Saida, and Bakhtiyorovna. "Memoirs as a Source of Historical Research." *Eurasian Journal of History, Geography and Economics*, vol. 19 (April 2023): 60-63.

» Mammadov, Gulamhuseyn. "Azərbaycan Milli Hökuməti və Azərbaycan Türkcəsi." *Ana Dili- Milli Varlığın Təməli Elmi Araşdırmalar Toplusu* (2023): 56-86.

» Qarabağı, Mirzə Yusif, and Mir Mehdi Xəzani. *Qarabağnamələr.* Tərtib edən və elmi redaktor Nazim Axundov and Akif Fərzəliyev. İkinci kitab. Bakı: Şərq-Qərb, 2006.

» Qarabagli, Vahid. "Reza Baraheni, Writer, Poet, Literary Critic, and Public Intellectual: A Life-long Champion of Social Justice and Freedom of Speech." *The Caspian Post*, April 19, 2022. Accessed on January 6, 2024. https://t.ly/h9pju.

» Siddiqui, Haroon. "Reza Baraheni, 'Iran's Finest Living Poet,' Is Dead at 86. Knowing Him Was to Know the Agony of Contemporary Iran." *Toronto Star*, April 2, 2022. https://t.ly/pDPfc.

» Shockley, Ann Allen. "Oral History: A Research Tool for Black History." *Negro History Bulletin*, vol. 41, no. 1 (1978): 787-89.

» Tapper, Richard. *Frontier Nomads of Iran: A Political and Social History of the Shahsevan.* Cambridge: Cambridge University Press, 1997.

» UNESCO. "Arasbaran Biosphere Reserve, Islamic Republic of Iran," 2019. https://t.ly/GWOJN.

» Urhan, Veli. "Siyaset Felsefesi Bağlamında Devlet, Hükümet ve Bürokrasi." *Flsf Felsefe ve Sosyal Bilimler Dergisi* (2016): 1-14.

» Wright, Edmund, ed. "Iran–Iraq War." *In A Dictionary of World History.* Oxford University Press, 2006.

» اتكیازی. «آراز چایینین چیركلنمهسی؛ اكولوژیك تخریب، بیولوژیك تهلوكه، یوخسا عادی چیركلنمه؟»، ۱۱ آگوست، ۲۰۲۳. https://shorturl.at/5NJwG

» اتكیازی. «آذربایجان ایالتی نییه پارچالانیر؟»، ۱۷ جون، ۲۰۲۳. https://t.ly/uiOld

» بابایی اقدم، فریدون، عبدالوهاب غلامی، جواد جعفری، آصف آشفته. «تحلیل جمعیتی محلات حاشیهنشین مطالعه موردی محله سلمان آباد اردبیل.» سومین كنفرانس برنامهریزی و مدیریت شهری، ۱۳۹۰.

» بالسینی، میلاد. «ایراندا داخلی استعمارین سو بؤحرانینا تأثیری.» ایرانین حاشیه—مركز مناسبتلرینده باش وئرن سو بؤحرانی آدلی كیتابدا. حاضیرلایان، ایراندا آذربایجانلیلارین اینسان حاقلاری درنهیی (اهراز آراشدیرما قورولوپو). استانبول: قوبوستان یایینجیلیق، ۲۰۲۳. ۸۱–۱۹۱

» تورك دیلی یازی قورالللاری: بیرینجی و ایكینجی تورك دیلی اورتوقرافی سمیناری نین آلدیغی قرارلار، ۱۳۸۰. https://shorturl.at/GwOYZ.

» جوانشیر، لاله. «تورك دیلینی دوشونهرك: نه دئییریك، نییه دئییریك، نئجه دئییریك؟» اتكیازی، ۴ یانوار، ۲۰۲۳. https://shorturl.at/xwxwW.

» دارابی، ابراهیم. اشك سبلان، تهران: نشر دنیای نو، ۱۳۸۵.

» دارابی، ابراهیم. «گفت و گو با استاد ابراهیم دارابی؛ نویسنده و معلم پیشكسوت.» توسط مرتضی مجدفر. ایشیق، آذربایجان ادبیات و اینجهصنعت سایتی (۲۹ آبان ۱۴۰۱). گؤرولدو، ۵ ژانویه ۲۰۲۴ https://t.ly/hEKIZ

» عزیززاده، میرنبی. تاریخ دشت مغان، تهران: موسسه مطالعات تاریخ معاصر ایران، ۱۳۸۵.

» هویدا، رحیم. موقع جغرافیائی دشت مغان و چند رویداد تاریخی آن. تبریز: دانشگاه تبریز، ۱۳۵۰.

○ **آذربایجان سیویک نئشین**

(آذربایجان مدنی میللت جمعیتی)

۲۰۱۹-جو ایلده کانادانین تورونتو شهرینده قورولموش و گونئی آذربایجان توپلومونو، خصوصی ایله ده میلّی حرکتین سیاسی-اجتیماعی تفکورونو و سؤیلمینی گوجلندیرمه‌یی مقصد گؤتورموشدور. تورک دیلینده جیددی یازیلی ماتریاللار اوره‌دیب (تولید ائدیب) گلیشدیرمک، آذربایجان مسأله‌لرینی یئنی علمی متودلارلا تانیملاماق، اونیورسیته‌لرده چالیشیلان علمی ایشلری تانیتماق و مختلیف ساحه‌لرده چالیشان اینسانلاری بیر آرایا گتیریب علاقه یاراتماق بو قورومون اَن اساس ایشلریندن ساییلماقدادیر.

قوروم تورک دیلینده یازیلی، سسلی و گؤرونتولو ماتریاللار حاضیرلاییر، اوزمانلار (موتخصیص‌لر) آراسی مباحیثه قوروپلاری یارادیر، اونلارا مختلیف ساحه‌لرده دانیشیق امکانی یارادیر و مختلیف تاریخی اولایلارلا باغلی سمینار و کونفرانسلار دوزنله‌ییر. جاوانلار اوچون گونئی آذربایجان مسأله‌لری ایله باغلی علمی کورسلار و اونون دوغرولتوسوندا مقاله توپلوسو حاضیرلاماغا چالیشیر. یارادیجی فعالیتلر، کریتیکال دوشونمک، مودرن تفکور و فردی-اجتیماعی قورتولوش و اؤزگورلویه دایانان پرنسیپلری تشویق ائدیر. مدنی میللت جمعیتی‌نین بایقوش آدلی نشریاتی دا ایشه باشلاییبدیر و مختلیف آلانلاردا چالیشان عالیملر و یازیچیلاردان کیتاب قبول ائدیب یاییملاماقدادیر. کیتاب نشری و تورک دیلی علمی فعالیتلر اوچون آشاغیداکی ایمیل واسیطه‌سی ایله علاقه ساخلایین:

azcivicnation1@gmail.com